W0385151

OSCAR
FABULA

LEE SUA

MADAM TAROT

TRADUZIONE DI LEA GIULIA ELIA

Titolo originale dell'opera: 마담 타로

I edizione Oscar Fantastica marzo 2025

ISBN 978-88-04-77687-1

Questo volume è stato stampato
presso ELCOGRAF S.p.A.
Stabilimento - Cles (TN)
Stampato in Italia. Printed in Italy

www.oscarmondadori.it

OSCAR
FABULA

Liber
in fabula

mondadori.it

MADAM TAROT

La traslitterazione dei termini coreani è avvenuta seguendo il sistema di latinizzazione riveduta della lingua coreana, adottato ufficialmente in Corea del Sud dal 2000. Alcuni nomi e cognomi, nomi di cibi e di città sono stati invece traslitterati nelle versioni più familiari per i lettori. Inoltre, per nomi e cognomi è stato mantenuto l'ordine coreano, ovvero cognome-nome.

I tarocchi sono il viaggio di un Matto.
Un viaggio attraverso le carte dalla Uno alla Venti,
che si conclude con la numero Ventuno, quella del Mondo.
Il Matto, la carta numero Zero, deve completare il suo percorso
in un mondo prima di passare alla scoperta del successivo.
Prima di partire non gli è dato sapere
se il nuovo mondo sarà migliore,
o più pericoloso, di quello che si lascia alle spalle.
Proprio come nella vita di tutti noi.

Indice

0

Il Matto

ERA UNA CALDA GIORNATA di luglio, talmente calda che sembrava che il mondo si stesse sciogliendo. Avevo un appuntamento con il detective responsabile delle indagini alle due, e a quell'ora la temperatura superava i 34 gradi. Nell'aprire la porta d'ingresso del commissariato, il sole era così forte da ustionarmi il dorso della mano.

Quando la porta si aprì una folata d'aria fresca fuoriuscì dall'interno. Un brivido mi attraversò la schiena impregnata di sudore; difficile dire se fosse a causa dell'aria condizionata o di tutti i fantasmi assetati di vendetta che erano rimasti intrappolati lì dentro.

Arrivai davanti all'ufficio della sezione crimini violenti, al terzo piano. Ancor prima di entrarvi, riuscii a sentire il classico caos di squilli di telefoni e imprecazioni provenienti dall'interno.

Alcuni sospettati si prendevano a pugni tra loro in attesa dell'ispettore, e mentre mi chiedevo se i detective responsabili delle altre squadre sarebbero usciti per qualche emergenza, loro spalancarono la porta e si fiondarono fuori. Mi spostai per evitarli e poi entrai.

Non appena varcata la soglia, sentii tutti gli sguardi dei presenti puntati addosso. Il mio outfit con scarpe alte color carbone, un completo nero come la pece, collana e orecchini di ossidiana assorbiva qualunque tipo di luce, il che lo rendeva perfetto per non dare nell'occhio di sera, quando lavoravo. Non mi aspettavo che di giorno, invece, attirasse così tanto l'attenzione.

Un dolore lancinante mi attraversò la testa. Mi portai le mani alle tempie e le massaggiai energicamente. Da quando la polizia mi aveva contattata mi era venuto un attacco di emicrania talmente doloroso che avevo la sensazione che il mio cranio stesse per spaccarsi a metà, come se vi si stesse formando una crepa stretta e profonda.

«La signora Cho Seoran?»

Mi guardai intorno e abbassando lo sguardo notai un detective che mi osservava. Sono alta un metro e settanta, ma quel giorno portavo tacchi a spillo di otto centimetri e forse era per quello che lui mi sembrava ancora più basso.

«Da questa parte, prego.»

Mi accompagnò verso la sala interrogatori, squadrandomi da capo a piedi. Da ragazza spesso avevo desiderato nascondere la mia altezza, ma ora non più. I ragazzi dicono di volere una fidanzata "alta e snella", ma in realtà non sono mai troppo entusiasti di stare accanto a una più alta di loro.

Ogni mio passo era accompagnato dal suono limpido dei tacchi che battevano sul pavimento freddo. Mi piaceva quel suono. Mi dava una sensazione di sicurezza.

Io e il detective prendemmo posto l'uno di fronte all'altra, ai due lati della scrivania. Mi concentrai sul picchiettio delle sue dita sulla tastiera del portatile mentre scriveva i miei dati personali, e poco dopo il dolore alla testa svanì.

«La signora Cho Seohee era sua sorella minore, giusto?»

Me lo chiese con un tono di voce piatto e distaccato, tipico di chi ha a che fare quotidianamente con decine di morti.

«Sì.»

Risposi brevemente. Nei commissariati l'efficienza è fondamentale: dare spazio alle proprie emozioni o agitarsi eccessivamente non aiuta nella risoluzione dei casi. Lo stesso vale qualora tu debba confermare la morte di tua sorella minore. Peraltro, ero stata io ad averla abbandonata dieci anni fa, e ora non potevo fingere che fossimo in buoni rapporti.

«La signora Cho Seohee è stata ritrovata da suo marito ieri sera, alle ventitré e trenta.»

Suo marito. Non avevo mai nemmeno immaginato che un giorno mia sorella si sarebbe sposata.

Che fosse stato lui a ucciderla? Mi scappò un sorriso amaro. Persino in questo somigliava alla mamma?

Dopo che io ero andata via di casa a vent'anni, mio padre aveva ucciso la mamma. Le dicevo sempre di divorziare, piuttosto che continuare a vivere come bestie, come facevano ormai da anni, ma era inutile. La mamma ripeteva costantemente che era meglio che fosse lei a morire per mano di quel mostro, che non era giusto che uccidesse persone innocenti. E poi lo faceva anche per mia sorella Seohee, che aveva sì e no dieci anni. Stranamente, ai suoi occhi da studentessa delle elementari nostro padre era l'uomo più fico del mondo. Diceva sempre che avrebbe sposato qualcuno esattamente come lui. Così, finì che mia madre non era riuscita a lasciare quella casa e lì aveva sopportato di tutto, solo per il bene di mia sorella. "Le parole sono come semi" dicono. Alla fine, la mamma era morta davvero per mano di mio padre. Avevo letto la notizia dell'omicidio su Internet. Avevo schioccato la lingua, pensando che esisteva un'altra donna sciocca come mia madre. La polizia mi chiamò mentre lavavo i piatti.

"Qui è la polizia. Lei è la figlia della signora Kim Miran?"

"Sì."

"Sua madre è morta."

Quella chiamata sconvolse completamente la mia vita.

Venni anche a sapere di un segreto della mia famiglia che non avrei mai potuto immaginare. La mamma non era la mia madre biologica. Quella scoperta mi sciocccò ancora di più del fatto che quello tra la mamma e mio padre era un secondo matrimonio per entrambi. "Mia mamma è la mia matrigna, mia sorella minore la mia sorellastra": questa situazione assurda, da soap opera, mi fece ridere.

Al funerale della mamma vidi per la prima volta la sua vera famiglia. Non era figlia unica e i suoi genitori erano ancora vivi, ma, nonostante ciò, aveva abbandonato tutto e aveva cresciuto me, con cui non aveva neanche un legame di sangue: incredibile. Non capivo. La mamma diceva spesso "la mia famiglia, la mia famiglia". Chissà che significato aveva "la vera famiglia" per lei.

La mia sorellastra, che un tempo credevo fosse mia sorella di sangue, non si presentò al funerale. Questo accadde quando io avevo ventotto anni e Seohee ne aveva diciotto.

La sfortuna continuò a perseguitarmi.

Quell'uomo, che non posso chiamare in nessun altro modo se non "mio padre", mi mandava periodicamente delle lettere dal carcere. Non so a chi chiedesse dove abitassi, ma ovunque mi trasferissi le sue lettere trovavano il modo di raggiungermi. Sempre.

Non l'ho uccisa io. Mi hanno accusato ingiustamente. La mamma è tutto per me. Devi trovare il vero colpevole. Sei una poliziotta, no?

Quelle parole spregevoli rimasero impresse nella mia mente. Vi rimbombavano con la sua voce, il che spesso diventava la causa scatenante della mia emicrania. Me le scrisse quando ero entrata da poco in polizia. Come aveva fatto a sapere che ero una poliziotta? L'aveva semplicemente ipotizzato, visto che mi ero iscritta alla Scuola Superiore di Polizia? Comunque, dopo quella lettera, misi da parte la divisa e la carriera.

Tornare in commissariato dopo tanto tempo mi riportò alla mente una serie di eventi passati che avevo dimenticato. Mi si pararono davanti agli occhi come un panorama.

Il detective proseguì. «Quando sua sorella è stata ritrovata aveva già perso una considerevole quantità di sangue, pertanto il personale medico accorso sul posto non ha potuto far altro che confermarne il decesso. Ci dispiace molto doverle comunicare questa notizia. Inoltre, lo stato... del corpo...» mormorò l'ispettore tenendo d'occhio le mie reazioni. Esitò nel comunicarmi in che stato si trovava il cadavere di mia sorella quando era stato rinvenuto. Dopo aver armeggiato con i documenti del caso che giacevano davanti al suo portatile, girando e rigirandone le pagine, finalmente si decise a parlare.

«Aveva dei coltelli infilzati nella schiena...»

Mi sfuggì un sospiro strozzato. Mi mancò il fiato, come se qualcuno mi avesse stretto il cuore in una morsa violenta. Pur non avendo visto le foto, sentii di aver già capito di cosa si trattava.

«I coltelli erano dieci, per caso?» chiesi con fermezza. «Erano dieci, vero?»

Non era un'ipotesi, era una certezza. Alla mia domanda, l'ispettore trasalì: la sua espressione si irrigidì e deglutì con difficoltà.

«Come fa a saperlo?»

Invece di rispondergli, cercai un'immagine sul cellulare. Allungai il telefono verso di lui, per mostrargli la carta del Dieci di Spade dei tarocchi.

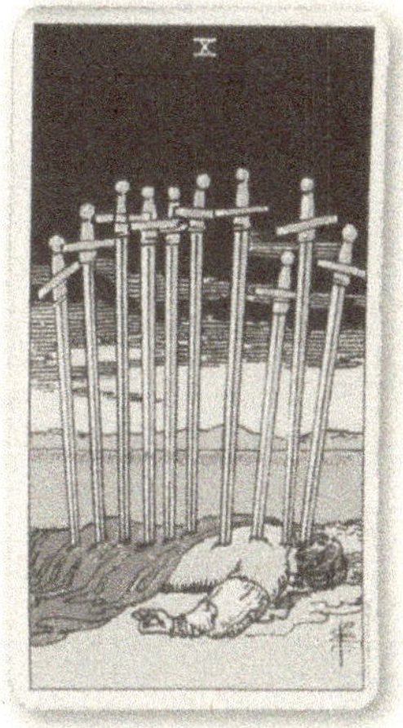

«Era in questa posizione, vero?»
«Esattamente, era proprio così.»
L'ispettore osservò la carta, incredulo. Il Dieci di Spade raffigura un uomo privo di vita, che giace al suolo sul ventre, con dieci spade conficcate lungo la spina dorsale, dal collo fino al bacino.
Dopo aver esaminato attentamente la carta, l'ispettore mi guardò dritta in faccia, scrutandomi. Nei suoi occhi notai una vaga ombra di disprezzo. Il corpo di mia sorella era stato rinvenuto in quello stato atroce e io ero così calma, dovevo sembrargli una svitata. Non distolsi lo sguardo. Avevo già vissuto quell'esperienza una volta.

Mio padre aveva ucciso mia madre nello stesso modo. Da ubriaco, aveva conficcato dieci coltelli da cucina nella schiena della mamma, senza alcuna pietà. All'epoca, l'ispettore responsabile del caso mi aveva detto che vedere le foto avrebbe potuto turbarmi e che potevo anche non guardarle. Una volta mostratogli il mio distintivo, avevo ottenuto il permesso di accedere alla scena del crimine e osservarla meticolosamente, insieme alle foto correlate al caso.

L'ambiente nelle foto era così familiare. Sebbene lì non fossi stata felice, quella era la casa in cui ero cresciuta. Gli adesivi che mia sorella aveva appiccicato al muro da piccola erano ingialliti dal tempo, e il buco che aveva fatto mio padre con un calcio alla porta si era allargato.

I vicini avevano già preso d'assalto la scena del crimine. Parlottavano a voce bassa tra loro, chiedendosi come una persona potesse accanirsi in quel modo nei confronti di un altro essere umano. Ascoltavo, ma senza prestare davvero attenzione.

Persino i detective incaricati del caso erano sbalorditi di fronte alla crudeltà di mio padre, io invece ero impassibile. "Perché quell'uomo non è una persona" avrei voluto rispondere, ma mi trattenni. Temevo che quella frase potesse bastare perché gli venisse fatta una perizia psichiatrica che lo valutasse come incapace di intendere e di volere, e che l'omicidio venisse catalogato come involontario.

I risultati dell'autopsia furono inaspettati: la causa della morte era strangolamento. Scoprii molto più tardi che il corpo della mamma era stato ritrovato nella stessa posizione dell'uomo nella carta del Dieci di Spade.

L'opinione pubblica non mostrò nessun interesse per l'omicidio, dato che si era consumato in una piccola cittadina; ci furono solo delle voci riguardo a "un marito ubriaco che aveva accoltellato la moglie". Nessuno avrebbe mai potuto immaginare che la posizione del cadavere di una donna simulasse una carta dei tarocchi.

Un attimo, però. Da quando mio padre era un tipo così creativo?

Era un sempliciotto che non sapeva giocare nemmeno a *Go-stop*. Gli avevo parlato dei tarocchi, ma lui mi aveva detto che non sapeva cosa fossero, che non li aveva mai visti e che si sentiva accusato ingiustamente. All'epoca avevo ignorato quelle parole, convinta che non valesse neanche la pena ascoltarle.

Mio padre non faceva altro che ripetere di non ricordarsi nulla, anche alla polizia, però nessuno gli credette. Persino io non avevo alcuna intenzione di credergli. Era sempre stato un bugiardo, uno che viveva alla giornata. Non avevo voglia di chiedergli nulla, né di sapere nient'altro sul suo conto. Avevo paura che avrei finito per compatirlo.

Più il tempo passava, più diventavo curiosa di sapere quale significato ci fosse dietro la carta del Dieci di Spade. Spulciai tutti i libri sui tarocchi che riuscii a trovare, e lo scoprii.

Il Dieci di Spade poteva essere interpretato in svariati modi: secondo alcuni, esprimeva una trasformazione, la condizione del bozzolo immediatamente prima di schiudersi e diventare farfalla; per altri aveva un'accezione più filosofica, indicando la necessità di abbandonare le proprie certezze; o ancora, poteva rappresentare la conclusione perfetta di un ciclo. L'interpretazione dipendeva dai punti di vista.

Ma ormai era tutto finito; mi chiedevo a cosa mi sarebbe servito conoscere il significato di quella carta. Perciò l'avevo dimenticata. Ma poi era successo questo.

Mia sorella era stata uccisa nello stesso modo. Il principale sospettato dell'omicidio della mamma era stato condannato e in quel momento si trovava in carcere. Non poteva neanche trattarsi di un'emulazione, visto che all'epoca i dettagli del caso non erano stati resi pubblici. Non piansi. Una vampata di odio mi pervase. L'assassino si stava prendendo gioco di me.

«Potrei vedere le foto del corpo?»

La mia domanda ruppe il silenzio.

«Ne è sicura?»

A giudicare dalla sua espressione, sembrava lui a non esserne sicuro. Continuò a scrutarmi mentre teneva i documenti del caso stretti a sé, borbottando che non sapeva se le foto fossero lì. "Non è necessario che lei le veda": non lo disse, ma glielo lessi negli occhi.

«Sì, me le faccia vedere. Anch'io ho lavorato in polizia per un po'. Anche se non ci si abitua mai a casi di omicidio...»

«Ah, meno male.»

Meno male cosa? Il detective, che fino a poco prima mi aveva trattata in maniera distaccata, mostrò quella che doveva essere una certa vicinanza nei miei confronti, rivolgendosi a me come a una collega. Ma a me, che non avevo alcuna fiducia nel sistema di polizia, quell'atteggiamento sembrò più di rifiuto che altro.

«Indagherete a dovere, giusto?» gli chiesi prima di lasciarmi scappare un sorriso sornione. Senza volerlo, avevo usato un tono sarcastico. Il detective aprì il fascicolo sulla scrivania e mi mostrò le foto.

Nella prima, il corpo senza vita di mia sorella giaceva sul ventre, esattamente come l'uomo nel Dieci di Spade. Era difficile vederla in faccia in quella foto.

Nella seconda, era distesa su un letto all'interno della camera mortuaria dell'ospedale, con il volto distorto dal dolore. È cresciuta così tant... Un momento. Questa sarebbe Seohee?

«Questa donna non è mia sorella.»

L'ultimo ricordo che ho di Seohee risale a quando era una scolaretta di dieci anni. Forse non sarei riuscita a riconoscerla perché nel frattempo era diventata una donna, ma quella in foto non era lei, ne ero sicura.

«È Choi Ayeong, trentun anni» dissi. Avevo già incontrato quella donna, una settimana prima. «La signora Choi usava l'identità di mia sorella, l'ho verificato io stessa.»

«Credo che lei si stia confondendo, anche le impronte digitali coincidono.»

«Possibile, considerando che lei e mia sorella si sono conosciute prima che Seohee facesse la carta d'identità. Lei aveva fretta di diventare adulta, e questa donna aveva bisogno dell'identità di una ragazza giovane.»

«Ma che cosa sta dicendo, scusi?»

«Quando si incontrarono, mia sorella era ancora minorenne. In altre parole, non poteva fare nulla senza il permesso dei genitori, nemmeno cercarsi un lavoretto part-time. Ma con una carta d'identità da maggiorenne il problema non si poneva. Averla era essenziale, soprattutto per una ragazza scappata di casa.»

«Mi ha detto che non avevate più contatti da dieci anni, corretto?»

«Corretto.»

«Sicuramente avendo lavorato in polizia saprà come funziona, ma l'abbiamo contattata dopo aver fatto più ricerche possibili, signora Cho. Sua sorella si è sottoposta a un numero consistente di interventi di chirurgia plastica.»

Schioccò la lingua e iniziò a raccogliere le foto davanti a me, trattandomi come una di quelle che non sanno come va il mondo.

«Ah, sì?»

«Sì, gliel'ho detto.»

«Lei ci creda pure, se vuole. Io non sono obbligata a dirle nient'altro. Visto che ho identificato il corpo, posso andare?»

«Signora Cho, sono un detective. Sua sorella non tornerà in vita anche se lei si comporta in questo modo, negando la realtà. Deve accettarla.»

«Ha ragione, bisogna accettare la realtà. Lei, allo stesso modo, deve ammettere che anche la polizia può sbagliare. Se le serve, si può fare un test del DNA. Sono sicura al 99,9% che non ci sarà alcuna corrispondenza.»

Uscii dalla sala interrogatori prima che potesse rispondermi. Ero di fretta, non avevo tempo da perdere con la polizia.

Il farabutto che aveva ucciso la mamma ora aveva ammazzato anche mia sorella, nello stesso modo. Per essere più precisi, aveva ucciso Choi Ayeong, che usava l'identità di mia sorella.

Mio padre aveva detto la verità, non era stato lui a uccidere la mamma. Ma se non lui, chi? L'assassino era convinto di aver ucciso Seohee. Dovevo trovarlo prima che si rendesse conto dell'errore e ricominciasse a cercarla.

Dovevo intraprendere questo viaggio alla ricerca dell'assassino da sola, come il Matto, protagonista della carta Zero dei tarocchi. È a un passo di distanza dal precipitare giù dal burrone, eppure sorride ingenuamente mentre allarga le braccia con il viso rivolto verso l'alto, a guardare il cielo.

Ha forse un'aria arrogante e patetica, mentre fa svolazzare il vestito di stracci che ha addosso, con quell'espressione quasi altezzosa sul volto?

Che importa.

Io non potevo preoccuparmi di ciò che pensava la gente, ora. Ero l'unica famiglia di Seohee, anche se non avevamo legami di sangue e la nostra parentela era puramente formale. Nonostante tutto, era mia sorella, dovevo trovarla a tutti i costi. Nessuno poteva aiutarmi, né la polizia né la procura. Mi sarei fidata ciecamente dell'aiuto dei tarocchi.

Guardate.

Lui se ne va in giro in solitaria, godendosi la luce dorata del sole. Lo sfondo di un giallo intenso, come un tuorlo, circonda il suo volto, che di riflesso si colora di un tono altrettanto caldo. Chissà se lo stesso numero zero non rimandi alla forma dell'uovo. Il mondo in cui vivevo prima era finito. Ora mi toccava iniziare una nuova partita a nascondino con l'assassino. Vince chi trova per primo mia sorella.

Per trovarla dovevo partire, e non importava quanto il cane ai miei piedi abbaiasse per avvertirmi del pericolo. Dovevo guardare oltre l'orlo del precipizio senza paura. Può anche darsi che il Matto non si trovi sull'orlo di un dirupo, chissà. Magari farà un passo avanti e riuscirà a uscire da quel mondo.

Questo Matto è anche un pagliaccio che fa ridere la gente. Tutti rideranno a crepapelle di fronte ai suoi atteggiamenti bizzarri, no? Aggirandosi così tra le persone e ficcando il naso qui e lì, il Matto diventerà un giullare, un Jolly, uno che può trasformarsi in qualunque altra carta, in qualsiasi momento: questo è il Matto. Sopportare il sarcasmo, lo sdegno e l'indifferenza delle persone è ciò che lo ha portato a trasformarsi in un giullare: non dimenticatelo mai.

1

Il Mago

GESTISCO UN NEGOZIO DI TAROCCHI che si chiama Arcana, al piano terra di un centro commerciale fatiscente nell'area residenziale del quartiere di Nonhyeon-dong. Al suo interno ci sono solo un tavolo in legno di palissandro e un sofà bianco, entrambi adagiati su un tappeto color rosso scuro con sfumature rosate, una piccola zona cottura, dove preparo e mangio cibi semplici, e un soggiorno dove dormo. Non so per quanto tempo resterò qui. Se dovessero arrivarmi notizie di mia sorella devo essere pronta ad andarmene in qualsiasi momento.

Il nome Arcana deriva dal latino e significa "segreto". I tarocchi sono formati da Arcani Maggiori e Arcani Minori, rispettivamente composti da ventidue e cinquantasei carte. Settantotto carte sono sufficienti per leggere dentro una persona, sono come uno specchio dell'anima.

Fuori Arcana non c'è un'insegna, non l'ho messa di proposito. Così ricevo solo i clienti che possono essermi utili, e con utili intendo persone che sappiano dove si trova Seohee o che potrebbero saperlo.

Mia sorella è di fatto svanita nel nulla. Dal giorno della sua scomparsa non ha mai utilizzato né il cellulare né la tessera dei trasporti, come se avesse scelto di nascondersi senza lasciare traccia.

All'inizio avevo creduto che fosse una fuga normale. Dopo l'omicidio della mamma per mano di nostro padre, Seohee aveva iniziato a odiare da morire quella casa. Era passato un mese prima che mi venisse qualche dubbio sul fatto che non fosse semplicemente scappata, perché non si era fatta sentire neanche una volta.

Denunciai la scomparsa alla polizia, ma visto che lei non dava alcun segno di vita non riuscirono a rintracciarla. Un'aspirante poliziotta che non riesce a trovare sua sorella scomparsa, che assurdità.

Andai in carcere da mio padre, che, alla notizia della scomparsa di Seohee, proruppe in una risata sarcastica. Mi disse che il giorno prima della morte della mamma, le due avevano avuto una brutta discussione riguardo al sogno di mia sorella di diventare un'idol e dopo lei era scappata di casa. Quella volta in carcere mio padre imprecò contro Seohee, definendola una stronza che non aveva battuto ciglio neanche di fronte alla morte della mamma. Gli urlai contro che non aveva alcun diritto di dire certe cose, lui che la mamma l'aveva uccisa.

Non c'era modo di sapere se Seohee fosse a conoscenza o meno della morte della mamma. Speravo che si fosse unita a una qualche crew di ballerini e che fosse in giro a ballare e cantare, ignara della dura e cruda realtà che l'aveva travolta. Avevo provato a contattare tutte le agenzie di intrattenimento a Seul, nella provincia di Gyeonggi-do e in tutta la Corea, ma mia sorella non c'era, da nessuna parte.

Anche i suoi amici non avevano più avuto sue notizie dopo il diploma. Nel frattempo, il suo numero di previdenza sociale era stato disattivato. Che stronza, era svanita nel nulla, prendendosi gioco anche di sua sorella poliziotta.

Ogni volta che un nuovo gruppo femminile di idol o una cantante debuttavano, mi agitavo all'idea di poter ritrovare Seohee in tv. Mi bastava sapere che stesse bene, qualunque vita facesse; una volta appurato quello, non l'avrei più cercata.

Alcune voci sul suo conto mi giunsero da un ambiente totalmente inaspettato. Mi arrivò una soffiata, qualcuno l'aveva vista da Harashò, un hostess bar nella provincia di Gyeonggi-do. Mi tremavano le mani. Era un ambiente al quale non avevo mai neanche pensato.

Ci andai per cercarla ma non riuscii a entrare. Degli omoni palestrati sorvegliavano l'ingresso del locale, e per quanto dicessi loro che avrei pagato e consumato da bere, non mi lasciarono passare così facilmente. Il fatto era che una donna, da sola, non poteva essere una cliente. Non avendo alternative dissi di essere della polizia, il che peggiorò addirittura la situazione.

«E quindi? Quindi?!»

Erano irremovibili.

«Vattene, finché te lo dico con le buone. Il mondo normale ha delle leggi che qui non valgono niente, è diverso. Nei quartieri a luci rosse quelle robe non funzionano. Sei della polizia? Sai quanti poliziotti sono finiti all'altro mondo per mano mia?»

«Può solo controllare se tra le *agasshi,* le ragazze che lavorano qui, c'è una certa Seohee, Cho Seohee? Per favore.»

«Non c'è, non c'è! Quante volte te lo devo dire?»

«Per questo ti sto chiedendo di farmi entrare per controllare direttamente, ci metto un attimo. Non me ne importa niente se lavorate in nero o no, se siete coinvolti in attività di prostituzione o meno. Do solo un'occhiata alle ragazze, okay?»

«Ascoltami bene, signorina poliziotta.»

Mi si avvicinarono minacciosamente. Fosse stato un uno contro uno, non avrei indietreggiato. Ma quando a circondarmi vidi tre omaccioni, ebbi paura.

«Solo perché sei della polizia ti senti in diritto di sospettare di cittadini innocenti?»

«Non è per niente giusto prendersela così con delle persone senza colpe. La polizia non è dalla parte dei deboli? Siamo noi i deboli, costretti a obbedire a questi ubriaconi del cazzo» ridacchiarono tra loro.

«Sì, okay, va bene. Mi bastano solo dieci minuti, per favore.»

Dovevo entrare a tutti i costi. Impulsivamente, mi misi a correre verso le scale, incurante del fatto che mi avrebbero bloccata. Ancor prima che potessi avvicinarmi all'entrata, il più grosso dei tre mi placcò e mi spinse via. Scivolai sul pavimento lercio, tappezzato di cicche di sigarette e volantini. Sentii un bruciore al palmo della mano. Vi si erano conficcati dentro dei cocci di bottiglia.

«La mia è legittima difesa, sei stata tu a venirmi addosso per prima! Se non ti sta bene, torna con un mandato!» sogghignò, provocatorio.

Mi sarebbe bastato scendere da quella scala, ma come? Quel mondo seguiva delle regole decisamente diverse da quelle nel quale vivevo io. Sentii dalla voce gracchiante del loro walkie-talkie che il proprietario del locale mi aveva segnalato al commissariato. Assurdo pensare che ci siano dei luoghi in Corea del Sud nei quali la polizia non può entrare.

Mentre mi alzavo scuotendo via i pezzi di vetro dalla mano, vidi una donna parcheggiare e scendere dall'auto. Indossava un abito tradizionale color borgogna, sembrava avesse intorno ai quarant'anni, non credo fosse né una *agasshi* né una madam, una delle maîtresse che gestivano quel tipo di locali.

«Ben arrivata, signora.»

Il marcantonio che mi aveva spinta via la salutò educatamente. Una donna da sola non poteva entrare, mi avevano detto, ma quella donna entrò senza che nessuno la fermasse. Ribollii di rabbia.

«E lei perché può entrare da sola?»

«È una cliente invitata dalle *agasshi.*»

«Anch'io, ve l'ho detto! Posso pagare per prendere da bere!»

Tirai fuori il portafoglio alla ricerca di qualche banconota, ma ce n'era solo una da mille won. I tre ridacchiarono.

«Ti ho già detto che non è sempre una questione di soldi, qui. La signora è un pezzo grosso.»

Intuii che la donna che era scesa nel seminterrato facendo svolazzare la gonna dell'abito era una sciamana. Andai a sedermi su una piccola sedia nel minimarket di fronte all'hostess bar e rimasi in attesa. La aspettai per due ore, e quando uscì le corsi incontro e l'afferrai per il braccio.

«Mi scusi, c'è una delle *agasshi* che somiglia a lei?» le chiesi, allungando verso di lei il cellulare con la foto di Seohee. La sciamana restò inaspettatamente calma in una situazione che avrebbe irritato chiunque, forse perché era abituata a gestire situazioni di ogni tipo.

Mi sfilò il cellulare dalle mani e osservò attentamente la foto. Inclinò leggermente la testa.

«Non saprei...»

Dopo aver fissato lo schermo ancora per un po', mi restituì il telefono.

«Mi è impossibile conoscerle tutte, e anche se l'avessi vista non potrei dirglielo. Sono una sciamana, anche se tra loro ci fosse un'assassina dovrei mantenere il segreto. Hanno tutte tante storie da raccontare. Non so che relazione abbia lei con questa donna, ma non posso dirle nulla riguardo alle mie clienti.»

«Non è una sconosciuta, è mia sorella.»

«Neanche i famigliari sono i benvenuti qui, perché le ragazze non vogliono far vedere come vivono. Non c'è nessuna di loro che abbia scelto di fare questo lavoro. Si avvicinano a questo mondo perché hanno bisogno di soldi facili, e poi ci restano. Si chiedono spesso quando tutto sia iniziato ad andare storto nella loro vita, e per questo di tanto in tanto mi chiamano qui. Sono persone che non hanno un posto dove andare, quindi vengono in questi locali anche nei giorni di riposo. Si fanno leggere qualunque cosa che ritengono sia affidabile: il futuro, il *saju*, i tarocchi, l'oroscopo occidentale, l'astrologia cinese dello *Zi Wei Dou Shu*. Vogliono sapere quando diventeranno delle *tenpro*, escort di alto livello, chiedono per quale madam sia meglio lavorare, chi tra i clienti diventerà il loro sponsor, pagando loro l'affitto, le spese e facendo regali costosi. Le ragazze che se la passano bene non hanno problemi del genere, non hanno neanche il tempo per pensarci; il tempo che hanno basta a malapena per far soldi. Le mie clienti sono tutte ragazze che hanno difficoltà con il lavoro e che si chiedono se gli toccherà continuare a vivere così.»

Non potevo più trattenerla, quindi la lasciai andare. Non avevo ottenuto da lei le risposte che cercavo.

Ma un indizio per avere accesso a quel mondo, quello sì. Non ero io a dover diventare una cliente, dovevo far sì che fossero le ragazze a venire da me. Non potevo trasformarmi in una sciamana nel giro di un giorno né tantomeno darmi alla lettura del *saju*, una pratica difficilissima anche dopo anni e anni di studio. "Mi restano i tarocchi" pensai.

La prima volta che avevo pescato una carta dei tarocchi era stato durante una seduta dalla psicologa, dopo la morte della mamma. All'inizio, il fatto che una psicologa si servisse dei tarocchi mi aveva lasciata perplessa; mi aveva detto che a volte li utilizzava come strumento di valutazione.

"Nella lettura dei tarocchi la cosa più importante è la domanda. Se si ha ben chiaro che cosa si vuole chiedere, le risposte si possono trovare ovunque. In realtà, la lettura dei tarocchi stessa è un percorso di ricerca delle domande che ci portiamo dentro."

"La domanda? Non mi sembra una cosa così difficile" pensai tra me e me mentre ero seduta con le braccia incrociate. "Esistono persone al mondo che non riescono a fare delle domande?" Scoprii presto che porre una domanda in modo esatto e specifico era piuttosto complicato.

Nelle sedute mi esercitai partendo dalle domande più semplici, e così facendo mi resi conto che la maggior parte delle volte le risposte a ciò che cercavo erano già dentro di me, oppure le conoscevo già. Comprendere ciò che volevo chiedere e cosa volevo sapere risolse la metà dei miei problemi.

"Una volta individuata la domanda, iniziano a verificarsi delle coincidenze; sono degli indizi visibili soltanto a coloro in cerca di una risposta. Questo è il principio alla base della sincronicità di Carl Jung. Una certa situazione non si risolve per caso, piuttosto la risposta si mostra alla persona che la cerca e che ha posto il quesito."

"È come dire che la porta si apre solo se bussi?"

"Più o meno. Se chiedi, troverai la risposta. I tarocchi non danno delle risposte precise, le interpretazioni possono variare molto in base ai punti di vista. Inoltre, tutte le carte hanno un significato positivo e negativo, come le monete che hanno testa e croce."

Così feci qualche sessione di lettura dei tarocchi, acquistai e lessi dei libri, perché all'epoca volevo capire come mai mio padre avesse ucciso la mamma in quel modo.

Imparai a conoscere quindi i tarocchi più che gli altri sistemi di chiaroveggenza. Decisi di diventarne un'esperta, così da poter incontrare le ragazze che lavoravano nel mondo a luci rosse.

Studiandoli, scoprii che erano sì legati alla chiaroveggenza, ma allo stesso tempo avevano a che fare con la psicologia, visto che bisognava leggere dentro la persona che si aveva di fronte. Rispolverai i testi che avevo utilizzato quando studiavo alla Scuola Superiore di Polizia per gli esami di Psicologia criminale, Basi teoriche di profiling, Psicopatici e profiler, pensando che in qualche modo mi sarebbero tornati utili.

Dopo un mese di studio andai dal parrucchiere che frequentavano le *agasshi* che lavoravano da Harashò. Scambiai quattro chiacchiere con la parrucchiera mentre tingeva di nero cobalto i miei capelli lunghi e voluminosi. Al momento giusto, tirai fuori i tarocchi. La parrucchiera aveva rotto con il suo fidanzato il giorno prima ma se ne stava già pentendo; mi disse che in realtà l'aveva fatto in un impeto di rabbia, non pensava che si sarebbero lasciati sul serio. Era curiosa di sapere come si sentisse lui al riguardo.

Le dissi di pescare delle carte. Mentre gliele leggevo, spiegandone il significato, un paio di *agasshi* che stavano per andare al lavoro si avvicinarono a noi. Il mio piano aveva funzionato. Così come un mago può usare la magia, allo stesso modo io usavo i tarocchi; erano il mio trucco per leggere dentro i cuori delle ragazze.

Quella sera riuscii a entrare da Harashò. Purtroppo, però, Seohee non c'era già più.

Quello fu l'inizio di tutto.

Avevo lasciato la polizia e ogni sera mi recavo in vari distretti a luci rosse per leggere i tarocchi alle ragazze; tutto per rintracciare Seohee. A Seul, nella provincia di Gyeonggi-do, a volte mi spinsi fino a Gwangju e a Busan per cercarla. Solitamente sceglievo di trasferirmi in posti con un affitto mensile senza caparra, e a volte capitava anche che mi spostassi dopo una sola notte.

All'inizio offrivo le letture gratuitamente e le mie clienti principali erano le proprietarie di centri estetici, parrucchieri o negozi di vestiti situati nelle vicinanze dei locali per adulti. Furono le proprietarie stesse a spargere la voce tra le ragazze che c'era una tipa che leggeva i tarocchi.

Man mano che le clienti aumentavano, io diventavo più brava. I loro problemi si somigliavano: soldi, uomini e futuro incerto.

"Quando diventerò una *tenpro*?"

"Riuscirò a diventare una madam anch'io?"

"Quest'uomo mi farà da sponsor?"

"Mi conviene accettare quest'uomo come protettore?"

"Prenderanno il farabutto che mi ha fregato i soldi?"

"Fino a quando dovrò fare questo lavoro?"

Le vite di ciascuna di loro erano convogliate nel mondo della prostituzione per motivi diversi, ma non ne incontrai neanche una che avesse il sogno di lavorare come *agasshi*. La mancanza di soldi le aveva portate a iniziare, e sempre a causa dei soldi capitava spesso che non riuscissero a smettere. Sicuramente non era facile per una studentessa universitaria accontentarsi di nuovo del salario minimo di un part-time dopo aver guadagnato migliaia di won al mese. Iniziai a mostrare con discrezione la foto di Seohee alle ragazze a cui leggevo i tarocchi, e trovai qualcuna che la conosceva di vista, o che aveva lavorato con lei. Verificai tutto quello che mi veniva detto di persona, senza sosta, per poi scoprire che la maggior parte delle ragazze che mi venivano segnalate a mia sorella ci somigliavano e basta.

Dopo aver indagato così per qualche anno, nelle community online dove si riunivano i lavoratori di quegli ambienti mi fu dato il soprannome di Madam Tarot, la Signora dei Tarocchi.

Poi, un mese fa, il numero di previdenza sociale di mia sorella è stato riattivato. Risultava che la persona collegata a quel numero si era appena trasferita a Ilsan, nella provincia di Gyeonggi-do. Pensavo che l'avrei incontrata subito, sapendo dove abitava. Ma quando sono arrivata a quell'indirizzo, la casa era vuota. Ho aspettato qualche giorno, ma né la diretta interessata né chiunque vivesse con lei si son fatti vedere.

Ho chiesto di lei ai vicini e tutti me l'hanno descritta come una ragazza gentile, che gestiva un centro estetico e che salutava sempre. Mi hanno detto che era in procinto di sposarsi e che nel frattempo conviveva col fidanzato.

Le signore l'hanno riempita di complimenti, dicendomi che era abilissima nel suo lavoro, che gestiva un centro di ricostruzione unghie che andava benissimo, e che stava per aprirne un altro, più piccolo, sul viale di Gangnamdae-ro. Continuavano a ripetermi quanto fosse socievole e nel frattempo allungavano le dita verso di me per mostrarmele. Avevano tutte delle manicure di colori e forme diverse, con tanto di perline decorative. Mia sorella aveva talento.

Mi sono sentita sollevata. L'idea che avesse incontrato un ragazzo, che si stesse facendo una famiglia e se la passasse bene mi ha rassicurato.

Poco tempo fa ci ho riprovato, andando di nuovo lì per incontrarla. Avevo lasciato il mio numero a una delle vicine e lei mi aveva ricontattata, dicendomi che mia sorella era tornata. Ancora oggi a ripensarci ho il cuore a mille. Pensavo davvero di averla trovata.

E invece lì ci abitava Choi Ayeong, la donna che utilizzava l'identità di Seohee. Proprio come mi avevano detto i vicini, era una persona disponibile, e ha risposto a tutto ciò che le ho chiesto senza nascondere nulla. Mi ha confidato di aver scambiato la sua identità con quella di Seohee, all'epoca minorenne, per poter debuttare come idol, visto che lei era troppo in avanti con l'età per farlo. Ma alla fine non ce l'aveva fatta. Mi ha raccontato tutto: dopo aver girato in lungo e in largo per evitare gli strozzini a cui aveva chiesto in prestito dei soldi, aveva disattivato il numero di previdenza sociale e lo aveva poi riattivato in vista del matrimonio, quando la questione del debito era stata in gran parte risolta dal suo ragazzo.

"Ci ho pensato tanto prima di farlo, ma dovevamo registrare ufficialmente il matrimonio, prima o poi. Avremo anche un bambino."

"Hai fatto bene, così noi due abbiamo avuto modo di incontrarci."

"Mi dispiace. Mi sarei dovuta prendere cura di Seohee, ma anch'io avevo dei problemi..."

"Quindi Seohee si fa chiamare Choi Ayeong?"

"All'epoca sì. Ora non so che nome stia usando. Ho sentito che è diventata una *tenpro*. Anche lei se l'è incasinata per bene la vita, che amarezza. Ci siamo rincontrate una volta, ma non l'avevo riconosciuta. Era diventata una persona totalmente diversa a causa degli interventi di chirurgia plastica. È più bella di una celebrità, sarà difficile trovarla con quella foto che hai tu, Seoran."

Così Ayeong mi ha mandato una foto che aveva fatto con Seohee tre anni prima.

"Quel giorno ci separammo con la promessa che ci saremmo riviste per bere qualcosa insieme. Ero molto impegnata in quel periodo quindi la ricontattai circa una settimana dopo, ma il numero risultava inesistente. È finita così. Io e lei abbiamo delle robe in sospeso, quindi se la trovi fammelo sapere, per favore."

"Grazie. E auguri per il matrimonio."

"Fosse la prima volta" mi disse ridendo.

Difficile capire se stesse scherzando o meno. Alla fine, Ayeong è morta prima del matrimonio, anche se ufficialmente a morire è stata mia sorella. A giudicare dal modo in cui è stata uccisa, uguale a quello della mamma, il colpevole deve essere la stessa persona. Ora che ha ucciso Seohee sarà soddisfatto, no? Ma quando scoprirà che non si trattava davvero di lei si rimetterà a cercarla, senza dubbio. Per uccidere quella vera, stavolta.

2

La Papessa

IL TIME È UN HOSTESS BAR di Gangnam dove un tempo lavorava Camilla, una ragazza che si era preparata al debutto come idol insieme ad Ayeong. Ero andata lì proprio per incontrarla, ma lei non c'era già più. Mi era stato detto che aveva aperto un locale suo nell'area di fronte al Time, e che faceva la madam. Il Time era un locale di *ilpro*, *agasshi* di un livello ancora più esclusivo delle *tenpro*, quindi era difficile per me potermi avvicinare da sola. Avevo bisogno che le ragazze mi aiutassero, in qualche modo.

Quel giorno riuscii a entrarci grazie a un appuntamento con una mia cliente abituale che aveva prenotato lì.

Solitamente, vicino all'ingresso dei quartieri a luci rosse si trovano allineati una serie di locali e karaoke dove chiunque può prendere da bere, a patto che sia maggiorenne. A volte scoppiano delle piccole risse tra chi si ubriaca o si vedono delle coppiette al primo appuntamento che si fanno una bevuta. Nulla di illegale.

Man mano che ci si addentra nel quartiere le insegne luminose si diradano e i bar e i locali senza nome per adulti la fanno da padroni. Lo stesso vale per il Time. Non ha mai avuto uno di quei neon che attirano gli ubriaconi perché è un posto a cui possono accedere solo clienti la cui identità è accuratamente controllata.

In altri esercizi pubblici, come hotel, centri commerciali o supermercati, l'entrata per i dipendenti e quella per i clienti sono spesso separate; a volte funziona così anche nei locali dei quartieri per adulti. In questi casi, ovunque ci siano clandestinità e illegalità c'è un passaggio segreto. Ovviamente, anche il Time ha un ingresso privato, che si trova sul lato dell'edificio. Quella è stata la mia porta d'ingresso al loro mondo.

Scendendo le scale, ci si trova subito di fronte all'ingresso delle cucine. Sulla sinistra, c'è l'area relax dove le ragazze si riposano. È diversa per ogni locale, ma è uno spazio in cui le *agasshi* possono rilassarsi mentre si rifanno il trucco e mettono in carica il cellulare. Io lavoravo lì. Quando aprii la porta notai che Anna e altre due ragazze mi stavano aspettando. Quel giorno se la prendevano comoda, dissero, perché i clienti avevano delle ragazze già assegnate.

Indossavano con nonchalance dei vestitini striminziti di lycra che coprivano a malapena il didietro, lasciando in bella vista le loro gambe ceree.

Anche solo immaginare è erotico?

No, agli occhi di una donna l'atmosfera all'interno di

quei locali non è per niente erotica. Piuttosto, è come entrare nello spogliatoio femminile di una sauna. Il vestitino di lycra non è altro che un'uniforme, vediamola così. Può essere un vero capo di lusso, oppure un'imitazione acquistata online.

Le *ilpro* guadagnano molto di più di una celebrità standard. Le *agasshi* dicono che, se prima andavano negli hostess bar per diventare famose, ora si ritrovavano a dover andare in tv per sopravvivere alla competizione all'interno degli stessi bar. C'è una marea di clienti che va a cercare delle ragazze che sono comparse in questo o quel film, in un *drama* o in un programma tv.

Le maîtresse che gestiscono gli hostess bar in cui lavorano le *ilpro* sono le CEO del mondo della prostituzione, allo stesso livello dei dirigenti delle agenzie di intrattenimento. Si occupano anche di gestire gli eventi delle serate. Il costo dei vestiti con cui si presentano al lavoro equivale alla caparra di un appartamento dignitoso. Investono continuamente nel loro aspetto, che in questo mondo è l'unica scala di valutazione.

Soldi?

Per loro sono solo pezzi di carta. Ci sono file di uomini pronti a spendere migliaia, milioni di won alla volta solo per vederle sorridere. A guardarli hanno addirittura un che di patetico, così ansiosi di spendere i loro averi. Qui l'apparenza è tutto, e il denaro è l'unica verità.

Anna era ancora abbastanza famosa da potersi permettere di acquistare e indossare facilmente capi di lusso, ma non aveva talento, ed era proprio questa la sua preoccupazione, ciò che l'aveva portata a farsi leggere i tarocchi diverse volte, tanto da diventare una mia cliente abituale.

Prima della lettura, disposi il tessuto di velluto su un

tavolo abbastanza spazioso, simile a quello che si usa per giocare a *Go-stop* e che serve a far scivolare le carte più facilmente. Successivamente tirai fuori una sfera di cristallo non più grande di un pugno, e la posai sul tavolo. All'interno vi erano delle lucine a LED, che accese formavano un piccolo sistema solare. Bastava quello a dare all'ambiente un'aria più misteriosa. Nel frattempo, con una piccola campana tibetana producevo un suono delicato. Nonostante i rumori che si affollavano fuori dalla porta, di gente che ordinava da mangiare, che chiamava le ragazze, di clienti ubriachi, quel luogo diventava momentaneamente silenzioso.

Mentre mischiavo le carte, Anna mi si avvicinò e si inginocchiò, come se avesse qualcosa di urgente da dirmi. Allungò bruscamente il cellulare verso di me, mostrandomi le foto di due uomini.

«Seoran, Seoran. Dovrei mettermi con quest'uomo? O con questo?»

«Tu quale preferisci?»

«Uno vale l'altro. Non so quale di questi due stronzi sia meglio, sono davvero indecisa. Lui ci sa fare a letto, mentre lui è ricco sfondato.»

Nonostante l'apparenza delicata, il suo modo di esprimersi era rozzo e volgare. Le ragazze al suo fianco ridacchiavano, come due adolescenti in piena pubertà. Così come le scolarette pensano che tutto il mondo si riduca alla scuola, allo stesso modo per queste ragazze girava tutto intorno al mondo della prostituzione.

Osservai con attenzione le foto. Uno dei due uomini aveva un'acconciatura curata, indossava un completo da ufficio, tipico da impiegato, poteva avere intorno ai trent'anni. L'altro era un personal trainer, pensai, perché la sua era una foto a petto nudo. Forse aveva tra i venticinque e i trent'anni. Erano molto simili. A guardarli meglio, somigliavano a quel tipo che ha vinto il premio come Miglior Attore l'anno scorso. Quindi era questo lo stile che piaceva ad Anna. Erano allo stesso livello, dal punto di vista estetico.

«Vuoi sapere come andrà a finire con ciascuno dei due?»

«Come andrà a finire lo so già, è ovvio. Andrà bene. Ma io voglio sapere con quale dei due mi convenga uscire. Non ho alcuna preferenza, quindi mi viene difficile scegliere.»

Guardai nuovamente le foto mentre mescolavo le carte. La faccia dell'impiegato mi era familiare, mi sembrava di averlo visto da qualche parte: chi era? Non me lo ricordavo.

«Ma che fai? Perché lo fissi così? Ti piace?»

«No, ha una faccia conosciuta.»

«Come potrei conoscerlo? È un avvocato. È bello, no? Chissà quanto è sexy il suo cervello.»

Non è facile conoscere un avvocato? Basta pagare. Ma per una come Anna, che aveva appena vent'anni, quello era un lavoro prestigioso.

«È un cliente?»

«Macché. Non ha niente a che fare con quelli che vengono qui. Per quanto possano essere gentili, non mi piacciono. Non ci uscirei mai.»

«E quindi? Siete colleghi di università?»

Anna era al primo anno e si era presa un semestre sabbatico. Era entrata nel mondo della prostituzione per guadagnare qualche soldo e pagarsi la retta. Era l'unico modo per una ragazza per fare soldi facili, diceva.

«L'ho incontrato a un corso di francese. Una volta abbiamo fatto una lezione insieme in un *wine club*.»

«Che fico.»

Niente male come primo incontro. Non c'è una garanzia per cui un ragazzo che studi francese sorseggiando del vino non frequenti locali per adulti, ma ammetto che mi sentii sollevata nel sapere che l'aveva conosciuto in un ambiente universitario.

«Vuoi sapere chi è migliore tra i due, giusto?»

«Sì.»

Mescolai nuovamente i tarocchi. Chiesi ad Anna di pensare alla domanda che voleva porre e di pescare con la mano sinistra due carte capovolte.

«Sono nervosa.»

La maggior parte delle persone si agita soprattutto nel momento di pescare le carte, perché sente di avere il proprio destino appeso alla punta delle dita. Anna serrò gli occhi per poi riaprirli e poi prese subito le carte.

Non appena me le diede, le girai posandole sul tavolo. Una era la carta del Diavolo, l'altra raffigurava un anziano dai capelli grigi, l'Eremita.

«Il diavolo e il nonno?»

Anna si aspettava qualche carta dal nome figo, tipo gli Amanti o La Ruota della Fortuna. Invece aveva pescato due carte che chiaramente non avevano nulla a che fare con l'amore. E gli uomini in esse raffigurati non erano neanche attraenti. Le sue colleghe scoppiarono a ridere.

«Tutte le carte hanno un significato positivo e negativo.»

Sollevai la carta del Diavolo per spiegargliela nel dettaglio. Quel giorno, però, la mia attenzione si concentrò in particolare sulle catene che l'uomo e la donna in primo piano nella carta del Diavolo portavano al collo. Mi vennero in mente delle situazioni in cui qualcuno viene controllato, imprigionato, catturato. "Sarà una deformazione professionale da poliziotta" pensai. Non volevo badarci troppo, ma l'avvocato aveva una faccia conosciuta. Mentre aggrottavo le sopracciglia, mi tornò in mente un'immagine.

Ma certo, era lui!

Aprii l'app Smart Citizen Report dell'Agenzia Nazionale di Polizia e cliccai sulla bacheca dei ricercati, dove c'erano le foto dei criminali, ciascuno di loro associato a un numero seriale. Aprii quella del numero sette.

«È lui, vero?»

Anna rimase pietrificata.

«S-sì. Il nome è diverso, ma la faccia è proprio...»

«Vedi l'accusa? Violenza sessuale. Su minori con età inferiore ai tredici anni.»

Scosse la testa.

«È impossibile.»

Un tremore impercettibile le attraversò le labbra. Scoprire che l'uomo che credeva un avvocato era in realtà un ricercato era una notizia effettivamente scioccante. Le ragazze accanto a lei, che fino a poco prima sghignazzavano, d'un tratto si ammutolirono.

«E quindi io che devo fare, Seoran?» piagnucolava con un'espressione smarrita.

«Vedi questo tasto "Segnala"?»

«Devo addirittura segnalarlo?»

«Certo che devi. Prima che ci siano altre vittime. Prova a uscire con il personal trainer. Questa è la carta dell'Eremita, vedi la lanterna che ha in mano? Lui potrebbe diventare l'amante che accenderà la fiamma della tua vita. Solo una persona diligente, che abbia già preparato l'olio per accenderla, è pronta ad accogliere un nuovo partner.»

«Ma non ha un soldo.»

«Questo lo pensi tu. Hai controllato?»

«No.»

«Ecco. Chiedilo a te stessa, cos'è meglio. Se quest'uomo, o i soldi di quest'altro.»

«Io non sono una di quelle troiette che va solo dietro ai soldi, sai?»

Mise il broncio.

Fu in quel momento che si udì un trambusto fuori dalla porta.

«Fermi tutti, polizia!»

Sentii chiaramente *quella* voce.

3

L'Imperatrice

E COSÌ MI RITROVAI in commissariato.

L'edificio in cui si trovava il Time non era un centro commerciale, ma un complesso polifunzionale. Parte degli spazi all'interno era adibita ad appartamenti per famiglie, quindi il Time era un'attività ovviamente illegale. Le *agasshi*, i dipendenti e le maîtresse erano stati ammanettati e portati in centrale. I clienti erano tutti fuggiti dall'uscita d'emergenza, ma io mi trovavo nell'area relax e non ero riuscita a scappare.

La responsabile della cucina, sotto interrogatorio, urlava questo e quello riguardo alla normativa sull'igiene alimentare. Le ragazze parlottavano tra loro a bassa voce, dicendo che era stata la moglie del proprietario dell'immobile a segnalare il locale alla polizia.

«Devi sapere che il proprietario è un nostro cliente fisso, mantiene una delle ragazze più famose. Alla fine, la moglie ha sporto denuncia, me l'aspettavo. E pensare che non volevo venire al lavoro, oggi. Lui è in Thailandia a giocare a golf proprio con quella ragazza. Ci siamo andate di mezzo noi poveracce. Non posso proprio farmi prendere, io. Anche tu, sei proprio sfortunata, Seoran. Ma è per colpa mia, sono io la stronza che porta sfiga.»

«Ma che dici?»

«Dico davvero. Non avrai fortuna se stai con me. Anche mio padre diceva così.»

«Vabbè. Pensi che robe del genere non mi succedano? Non ti preoccupare. Se l'interrogatorio prende una brutta piega, tira fuori la storia di quell'avvocato. È il ricercato numero sette, quindi interessa parecchio anche agli investigatori.»

«Mi proporranno un patteggiamento?»

«Se sono di fretta, sì.»

Tra una battuta di cattivo gusto e l'altra, mi sembrò che Anna si stesse calmando.

È sempre così nei commissariati: si crea una strana armonia tra il ticchettio delle tastiere degli agenti e le urla dei sospettati, a cui si aggiungono i telefoni che squillano senza sosta e un coro di voci provenienti dai ricetrasmettitori. Non c'è tempo per annoiarsi. Tenni la testa bassa, nel caso in cui mi fossi imbattuta in qualcuno che conoscevo, anche se ero abbastanza sicura che non sarebbe potuto succedere. "Se sarà un interrogatorio veloce potrò rientrare subito a casa, visto che non sono sospettata di nulla" pensai. "Ma se faranno qualche domanda sul mio lavoro, potrebbe mettersi un po' male. Ma in fondo, gli basta guardarmi in faccia o vedere come sono vestita per capire che non sono una *agasshi*. Mi scambieranno per una cuoca?" Qualunque cosa sarebbe andata bene. Nessuno mi avrebbe creduta se avessi detto che ero una cartomante, è un lavoro inusuale.

Improvvisamente il tritadocumenti, che lavorava senza tregua in un angolo dell'ufficio, si fermò di botto con uno scatto sordo. In quel momento, qualcuno mi riconobbe.

«Seoran?»

Una voce familiare. Alzai la testa e mi trovai di fronte Seonghoon, un collega più giovane della Scuola con il quale avevo lavorato in una stazione di polizia.

«Ehi, Seonghoon.»

Nonostante fossi contenta di rivederlo, arrossii. Dovevo incontrarlo proprio lì, proprio durante quell'interrogatorio?

«Che ci fai qui?»

Era un tipo sveglio, gli era bastato dare un'occhiata al gruppo di persone che era con me per capire.

Strabuzzò gli occhi.

«Hai denunciato un locale per adulti?»

«No.»

Non potevo spiegargli la situazione in dettaglio.

«E allora? Sei andata a farti una bevuta?» Accompagnò la domanda col gesto di bere da un bicchiere. «Ma tu non bevi, però. Che sta succedendo?»

«Lascia perdere.»

Ero felice di vederlo, ma speravo se ne andasse al più presto. Speravo che un collega lo chiamasse, o che avesse qualcosa di urgente da fare, o che succedesse qualcosa che me lo togliesse di torno quanto prima e rimandasse la chiacchierata.

«Ma lo sai che eravamo tutti scioccati quando hai

divorziato? Sei completamente sparita. Dove diamine vivi ora? Girava addirittura voce che ti fossi suicidata. Yoohan ha dovuto farsi avanti e spiegare tutto, non sai che casino.»

Stava spiattellando tutta la mia vita privata. Non sapeva davvero quando tenere la bocca chiusa, quel deficiente.

Dopo poco, Anna, le ragazze e i camerieri iniziarono a origliare la nostra conversazione. In fondo, le storie più divertenti in assoluto sono quelle sulle sventure degli altri.

«Qualunque fosse la ragione, non avevi motivo di rinunciare alla divisa, sai. Quando dicevo di voler lasciar perdere l'esame di ammissione in polizia, eri tu che mi offrivi da bere e da mangiare per incoraggiarmi. Sei stata davvero cattiva ad andartene così.»

Le *agasshi* e i camerieri avevano gli occhi sgranati.

«Seoran, eri una poliziotta?»

Notai un lampo accusatorio nello sguardo di Anna. Mi guardavano tutti come se fossi stata io a denunciarli.

«Lo sono stata, per pochissimo tempo. Ora sono una cittadina comune, come te.» Visto che avevo risposto ad Anna, dovevo rispondere anche a Seonghoon. «Mi spiace. Purtroppo è andata così. Non hai da fare?»

«Ho tanto, tantissimo da fare. Ma come faccio ad andarmene se tu sei qui? Ho chiesto il tuo numero anche a Yoohan, ma lui ha detto che non ce l'aveva. Com'è possibile, in una coppia?»

Ero senza parole. Mi ero persino dimenticata di essere stata sposata, erano già passati cinque anni dal divorzio. Ma eccolo qui, un cecchino che mi conosceva come le sue tasche: un mio collega più giovane, nonché il successore del mio ex marito. Sapeva tutto su di me e su di lui. Già all'epoca loro due erano molto legati, come fratelli. Immaginavo le cose non fossero cambiate.

«Visto che sei qui, devi vedere Yoohan prima di andartene.»

No, non erano cambiate, quindi. Seonghoon si sfilò frettolosamente il cellulare dalla tasca. Non riuscivo a vedere chi stesse chiamando, ma era ovvio.

«No, no, non c'è bisogno.» Gli afferrai il polso. «Abbiamo divorziato, lo sai» gli dissi abbassando la voce, inutilmente.

«Lo so. In questi casi la cosa migliore è incontrarsi facendo finta di non conoscersi e salutarsi. E così ci si ricomincia a vedere. Aspetta qui che vado a prenderlo subito.»

«No, no.»

Ignorò la mia espressione supplichevole e uscì dall'ufficio.

«Eri una poliziotta? Sul serio? Sei sotto copertura, tipo?» disse Anna facendo una smorfia dopo aver incrociato le braccia, e fissandomi con uno sguardo tagliente.

«Ti stai facendo un film in testa. Ti ho detto che non sono più una poliziotta adesso!»

«Non sei stata tu a fare la denuncia, vero? Vero?»

«Come vedi, sono stata arrestata anch'io.»

«In effetti.»

Bastò quella frase a interrompere i loro sguardi sospettosi. Gli interrogatori continuarono. Passate le tre e mezzo di notte il commissariato si fece più silenzioso. Le ragazze iniziarono ad appisolarsi, appoggiate l'una all'altra. Gli uomini più anziani si distesero direttamente sulle panchine, a mo' di letto.

Anch'io avrei voluto addormentarmi come loro e non avere pensieri, ma continuavo a tenere d'occhio la porta d'ingresso. Seonghoon era schizzato fuori come se avesse intenzione di ritornare a momenti col mio ex marito, ma ancora nulla. Era probabile che in quel lasso di tempo fossero stati chiamati per un'emergenza, o che avessero arrestato qualcuno. Quello del poliziotto è un lavoro nel quale, per il bene dei cittadini, gli appuntamenti con i propri cari si annullano come se niente fosse.

Sentii gli occhi affaticati, come se avessi sulle palpebre il metallo più pesante del mondo. Mi sforzai di tenerli aperti, ma si chiudevano contro la mia volontà e mi appisolai. Sussultai leggermente quando la testa mi cadde sulla spalla di uno dei camerieri. Dovevo svegliarmi. Provai a scuotere la testa da una parte all'altra, ma mi addormentai di nuovo.

«Signora Cho Seoran?»

Nel sonno, udii qualcuno chiamare il mio nome.

«Signora Cho Seoran!»

La voce dell'agente aveva un tono infastidito. Mi svegliai di colpo. Toccava a me.

«Eccomi!»

Ero ancora assonnata. Mi alzai di scatto e persi l'equilibrio, cadendo a terra dopo essere andata a sbattere contro il muro. Le carte che avevo frettolosamente messo in tasca poco prima di essere portata in caserma si sparsero su tutto il pavimento. Più che dolore provai un profondo imbarazzo. Ritornai in me e feci per alzarmi quando di fronte notai un agente, anche lui per terra. Forse gli ero andata a sbattere contro. Sul pavimento erano disseminati i documenti che teneva in mano.

Anna mi chiese se stessi bene, e nel frattempo raccolse le mie carte. Non le dissi neanche grazie, tanto ero impegnata a raccattare i fogli del poliziotto.

«Che cazzo...» imprecò l'agente, alzandosi.

«Mi scusi, mi dispiace.»

Continuai a scusarmi mentre recuperavo i documenti. La colpa era di entrambi, in realtà, ma ero stata io ad alzarmi di colpo e andargli addosso. Sistemai i fogli alla buona e feci per darglieli, ma...

Era Yoohan, il mio ex marito.

Anche lui mi riconobbe.

Nello stesso momento Anna mi passò i tarocchi.

«Seoran, tutto okay?»

«Mmh.» Afferrai le carte, mi sforzai di sorridere e mi scusai nuovamente. «Mi scusi.»

«Stia più attenta.»

Mi attraversò con lo sguardo, lo stesso che aveva in tribunale quando divorziammo.

«Sì» risposi brevemente.

Senza metterci d'accordo, ci comportammo come se non ci conoscessimo. Era più facile così.

Mentre lui ritornava dai suoi colleghi, Anna fece una smorfia di fastidio.

«Ma chi si crede di essere? Che maleducato.»

«Smettila, non fa niente.»

«Macché smetterla. È abuso di potere!» Anna inveì contro di lui.

In quel momento l'agente responsabile mi chiamò di nuovo. Risposi prontamente e mi avviai verso di lui, anche se non riuscivo a togliermi dalla testa i documenti del caso che avevo visto poco prima sparsi sul pavimento. Li avevo avuti sott'occhio solo per un attimo, ma erano talmente ben organizzati che ero riuscita subito a individuare il riepilogo. E anche le foto della scena del crimine.

Era la sauna privata di una villa di lusso. La vittima era una donna, e notai subito le sue unghie rovinate, ma fresche di manicure.

Mentre camminavo verso l'agente, guardai la carta che avevo in mano. Era la prima del mazzo che mi aveva passato Anna, la carta del Giudizio, sfortunatamente.

Raffigura un angelo in cielo che suona una tromba, mentre uomini, donne e bambini nudi lo ascoltano, con entrambe le mani sollevate verso l'alto. Sono immersi nell'acqua, ognuno in un proprio spazio, simile a una vasca privata.

L'agente mi controllò i documenti e mi fece qualche domanda, alla quale risposi in automatico. In testa continuavano a frullarmi quei fogli, non riuscivo a non pensare alla vittima, con gli occhi spalancati nel bel mezzo della sauna, e alla carta del Giudizio.

Sembrava volesse dire qualcosa, forse perché aveva anche la bocca leggermente aperta. Non riuscii più a trattenermi.

«Il commissario con il quale mi sono scontrata poco fa...»

L'agente di fronte a me mi guardò con espressione vuota, esausto dopo una nottata passata a fare interrogatori. Era palese che si stesse chiedendo che cosa diavolo volessi. Ciononostante, sentivo di non potermene stare zitta.

«Credo che sia necessaria un'autopsia sul corpo della vittima di quel caso.»

«Cosa?» ridacchiò, incredulo.

«Il corpo della donna che è stata ritrovata nella sauna, dico. Bisognerebbe fare un'autopsia.»

«Quello è un lavoro che spetta alla polizia. Lei fa la cartomante, ha detto? Ha la licenza?»

«Dovete farle immediatamente un'autopsia. Verrà cremata oggi, giusto?»

«Va bene, ho capito. Ce l'ha la licenza?»

«È una piccola attività, quindi no, non ce l'ho. Dovete farle l'autopsia, sul serio.»

«Crede che le autopsie si possano fare per tutti i casi? Pensa forse di essere in un programma di *true crime*?»

Alla fine, quella parola finì per scapparmi dalle labbra. «Omicidio.»

L'agente sussultò.

«Non si è trattato di morte accidentale, è un omicidio.»

«Ma sa almeno di cosa sta parlando? Si prende la responsabilità di ciò che dice?»

«Certo. Quindi dica al commissario di eseguire un'autopsia. Al più presto.»

Lui mi lanciò un'occhiata schioccando la lingua e, con fare arrendevole, chiamò Yoohan. Più la chiamata si prolungava, più la sua espressione si incupiva. Poi riattaccò.

«È contenta, adesso? Mi ha confermato che si tratta di morte accidentale e mi ha detto di pensare al mio, di caso. Mi ha chiesto come mi permetto di interferire con le indagini senza saperne nulla, riempiendomi di insulti.»

Inspirai profondamente, cercando di reprimere un'ondata di rabbia.

«Il fatto è che le donne non vanno a fare una sauna subito dopo essersi fatte la manicure.»

«Cosa?»

«Ha notato le unghie della vittima nelle foto?»

Scosse la testa. Non essendo coinvolto nelle indagini era impossibile che lo sapesse, probabilmente non aveva neanche mai visto le foto. Avevo fretta, quindi continuai a insistere.

«Quelle unghie! Come potete guardare quelle unghie rovinate e dire che è morta per un attacco cardiaco mentre faceva una sauna?!»

Non mi resi conto che stavo urlando. Tutti gli altri agenti si voltarono verso di noi. Il poliziotto di fronte a me si passò una mano tra i capelli e sbuffò. «Le ho detto che non mi occupo io del caso, mio Dio.»

Mi disse di aspettare e fece un'altra telefonata.

«Credo che sia meglio che venga qui un attimo.»

Poco dopo sentii l'ispettore Yoohan precipitarsi giù per le scale.

«Senti, testa di cazzo! Non sei neanche nella squadra responsabile del caso, e ti permetti di farmi scendere fino a qui?»

«No, mi ascolti, sta facendo impazzire anche me. C'è qui questa signora...» Mi indicò e mi lanciò uno sguardo traboccante di odio.

Yoohan guardò entrambi trovandoci decisamente patetici.

«I cittadini sotto interrogatorio non possono fornire delle informazioni?» Gli lanciai uno sguardo insolente.

«Proprio così, non può mettersi a giocare a fare la detective con un agente a quest'ora della notte» rispose lui con tono sarcastico.

«E allora perché è sceso?»

«Sono sceso a segnalare una cittadina pericolosa che sta interferendo con il nostro lavoro.»

«Sarebbe lei a dover essere segnalato. Una volta passate le sei di mattina la cremazione potrebbe iniziare da un momento all'altro, e dopo aver cremato il corpo non si potrà più procedere con l'autopsia.»

«Ma tu guarda...!»

«Fai l'autopsia, ti ho detto!»

«Ehi!»

«Cosa?!»

E così, a causa della nostra irruenza, finimmo per scontrarci di nuovo.

4

L'Imperatore

IO E YOOHAN CI SEDEMMO l'uno di fronte all'altra, nella sala interrogatori. Era la prima volta da quando avevamo divorziato. Ci eravamo lasciati con queste grandi promesse di non vederci mai più, dicevamo che non sarebbe mai ricapitato di incontrarsi di nuovo, eppure eravamo lì.

«Annegamento, dici?» Yoohan rise beffardo, incrociando le braccia. «Non ci sono tracce di alcun delitto e i famigliari non vogliono che venga fatta l'autopsia.»

«È ovvio, perché il colpevole è uno di loro.»

«Che faccia tosta...»

«Ho visto le foto prima, hai notato le unghie?»

«Le unghie? In che senso?»

Lo sapevo.

«Se vai a riguardarle te ne accorgerai, ma comunque ha le unghie fresche di manicure completamente rovinate. Come se fossero state colpite ancor prima che lo smalto si asciugasse. Manca anche una parte delle perline che vengono applicate sopra.»

«E quindi? Può succedere.»

«Invece no. Le donne non vanno in una sauna prima che le unghie siano asciutte.»

«Non si asciugano nella strada dal centro estetico a casa?»

«Se era andata a farsele fuori, sì. Ma questa donna mi sembra una che se l'è fatte fare in casa. Ci sono tante estetiste che offrono servizi a domicilio. Ora non perdere tempo a battibeccare con me e vai a dare un'occhiata alle unghie.»

«Ammettiamo che sia come dici tu. Come arriviamo all'accusa di omicidio?»

«Annegamento secondario, o annegamento secco. Si riscontra soprattutto nei bambini sotto i quattro anni. Se capita che in piscina si beva accidentalmente troppa acqua, questa finisce nei polmoni causando infezioni che possono portare al decesso nel giro di quarantott'ore.»

«Sintomi?»

«Direi tosse frequente al ritorno dalla piscina o da una sauna? Difficoltà a respirare? In questi casi può sorgere il dubbio.»

«Anche nel caso degli adulti?»

«È raro, ma non impossibile. Chiaramente l'annegamento secondario può presentarsi anche se si uccide una persona e successivamente la si getta in acqua. È difficile capire se si tratta di annegamento normale o secondario.»

«Ammettiamo che si tratti di annegamento, perché l'ha portata nella sauna dopo averla uccisa?»

«Il delitto è *avvenuto* nella sauna.»

«E chi l'avrebbe uccisa?»

«Se lo sapessi, farei la poliziotta. Quello è il tuo lavoro, no?»

«Sulla scena non abbiamo trovato nemmeno un bicchiere d'acqua.»

«Sarà evaporata. È una sauna secca, alla fine. Le saune che si usano in Russia o nel Nord Europa sono diverse dalle saune umide che ci sono qui in Corea. Anche l'acqua usata per il delitto sarà sparita. Se fosse acqua o veleno, questo non lo so. Per questo ti sto dicendo di fare l'autopsia.»

«Ne sei certa?»

«È la scena del crimine a parlare.»

«E quindi ti è venuto il dubbio che si trattasse di omicidio mentre raccattavi i documenti del caso dal pavimento. Vuoi tornare in polizia o scrivere un romanzo?»

C'era un che di canzonatorio nel tono con cui me lo chiese. Ma sì, di cosa avrei potuto parlare col mio ex, lo stesso uomo terrorizzato all'idea di dovermi pagare gli alimenti e che aveva detto, meschinamente, che non poteva lasciarmi l'appartamento. Io non avevo intenzione di chiedergli né uno né l'altro comunque. Volevo solo concludere al più presto il divorzio, anche rinunciando alla divisione dei beni.

«Ammettiamo che la polizia si sbagli e che hai ragione, *signora informatrice*. Come ci sei arrivata? Conoscevi la vittima?»

Mentre Yoohan mi provocava, sorridendo, io giochereIlavo con la carta dei tarocchi che avevo in tasca. Se gli avessi confessato che guardando la carta del Giudizio mi era venuta in mente la sauna mi avrebbe riso in faccia.

«Ecco, vedi? Non parli. Fai sempre così, non mi dici le cose.»

Nelle sue parole c'era un significato nascosto. Mi aveva detto la stessa cosa il giorno prima del divorzio.

"Non riesci proprio a parlarci, con me. Ecco perché stiamo divorziando."

Quel periodo mi tornò in mente, ma non essendo stato un momento piacevole della mia vita mi affrettai a scacciare quel pensiero.

«Forse mi prenderai in giro, ma ci ho pensato dopo aver visto una carta dei tarocchi.»

«Sei sempre brava a inventare storie degne di un romanzo, vedo. Avresti dovuto fare la scrittrice.»

«Io vorrei parlare con un commissario della polizia coreana, non col mio ex marito, comunque. Fino a quando hai intenzione di comportarti come un dilettante che mette al primo posto le proprie emozioni?»

«Come ti permetti?» Yoohan alzò la voce. «Hai detto di aver risolto un caso usando i tarocchi e pretendi che io ti creda? Supponiamo pure che sia come dici tu. Vado dai famigliari e dico loro che secondo i tarocchi bisogna fare l'autopsia al corpo. Vuoi che gli dica così? È assurdo catturare un assassino affidandosi a quelle robe, dai. Sei impazzita?»

«No, sto benissimo» gli dissi guardandolo negli occhi, senza esitare.

«Potrei mai andare davanti alla gente a dire che abbiamo catturato il colpevole non grazie a un'indagine scientifica, ma affidandoci ai tarocchi? Un poliziotto potrebbe mai fare una cosa del genere?»

«Ciò che importa è prenderlo.»

«Senti, signora Cho Seoran. Non si può condurre un'indagine in quel modo, né tantomeno si dovrebbe.»

«Quando si cattura il colpevole, è importante non confondere il fine con i mezzi, *signor ispettore*.»

«Bisogna seguire una procedura legale quando si fanno delle indagini.»

Sentivo che si stava arrabbiando sempre di più. Dopo averci vissuto insieme per anni lo conoscevo bene, perciò lo ignorai. Il suo temperamento gli era addirittura costato una promozione. Le persone non cambiano facilmente.

«*Signora informatrice*.»

«Dica.»

«Risolvere un caso usando la cartomanzia... Ma in che secolo credi di essere? Bisogna avere basi scientifiche.»

«Basi scientifiche... E quali sarebbero queste basi?»

«E smettila di scherzare!»

«Che logica serve per catturare un colpevole? Sai come si sentono i famigliari?»

«Certo che lo so! Anch'io...»

Sapevo che non sarebbe riuscito a trattenersi dal dirlo. Sì, anche noi eravamo una famiglia, un tempo. Seohee è mia sorella, e quindi sua cognata. Ma solo dal punto di vista legale, nulla più. Al di fuori di quello, loro due potevano davvero definirsi una *famiglia*?

«Ispettore. Perché non dovrebbe andar bene fidarsi dei tarocchi? A me non importa se è solo una credenza popolare. Se prendiamo il colpevole, non mi interessa nulla. Che sia cartomanzia o scienza, ora non è il momento di fare i pignoli, o sbaglio?»

Dovevo avere l'ultima parola, come sempre. Non potevo permettermi di perdere. Non avevo più neanche un briciolo di fiducia nella polizia, sin dal giorno in cui era scomparsa Seohee. «Non mi dire che pensi che la polizia coreana protegga sul serio i cittadini? Non è una credenza popolare anche quella? Non ha basi scientifiche, quindi...»

Le sue pupille si dilatarono. Rimase senza parole. Avevo appena paragonato il senso del dovere dei poliziotti a una credenza popolare.

«Crediamo a cose come senso del dovere, onore, ma la nostra fiducia basta per far sparire i criminali? Passa un solo giorno senza crimini?»

«Ma che c'entra? Ma cosa diavolo stai blaterando?»

Si alzò di scatto.

«Senti, falla finita. Sono stato un cretino a volerti dare ascolto anche solo per un attimo, un vero cretino!»

Il suo volto era rosso di rabbia, ma io non mi scomposi. Non alzai neanche la voce.

«Seohee è... morta.»

In teoria, era così.

«Cosa?»

Si lasciò cadere nuovamente sulla sedia. Sin da prima del matrimonio aveva sempre trattato bene Seohee e anche in seguito era stato un cognato di cui lei poteva fidarsi.

«Quando? Quando è successo? Un incidente? Stava male?»

La sua voce mi scosse.

«Per essere precisi, non si tratta proprio di Seohee, ma di una donna che viveva usando la sua identità. Aveva registrato le proprie impronte come fossero di Seohee e aveva anche i documenti col suo nome. Se Seohee non avesse avuto famigliari, non ci sarebbe stato modo di verificarlo. E questo è il caso della donna che è morta al suo posto, non c'è modo di verificare chi sia fino a che non si trova Seohee. Quindi non possono farle il funerale, e ora si trova all'obitorio.»

«Basta controllare il suo numero di previdenza sociale, no?»

«Ci ho già provato. Non ho trovato nulla, è stata in grado di eliminare tutte le tracce della sua vera identità. Potrebbe anche non avere la cittadinanza coreana.»

Ci fu un momento di silenzio. Non avrei dovuto, ma alla fine finii per dirlo.

«Se solo quel giorno avessi risposto alla chiamata di Seohee, tutto questo non sarebbe successo.»

«Smettila.»

Girai il coltello nella piaga, pur sapendo che gli stavo facendo del male.

Dopo il funerale della mamma, Seohee, che era già scappata di casa, telefonò a mio marito. Chissà perché a lui e non a me. Purtroppo, Yoohan non riuscì a rispondere. Io suggerii di rivolgerci immediatamente alle società di telefonia, ma lui disse che non c'era stato nessun crimine e che secondo la legge sulla protezione dei dati personali non si poteva fare. Chiesi anche ai miei superiori, ma non ci fu verso. Vista la mia situazione, con mio padre dietro le sbarre per omicidio, erano tutti estremamente guardinghi con me. Più passavano i giorni, più ero divorata dall'ansia, e l'uomo che avevo al mio fianco mi disse, in tutta tranquillità: "Aspettiamo, chiamerà di nuovo."

Ma dopo quel giorno non chiamò più. Il mio risentimento nei confronti di Yoohan e di tutta la polizia crebbe ogni giorno di più. Ero una poliziotta ma non potevo investigare come mi pareva, che assurdità. Non avevo più motivo di starci, nella polizia. Una che non sa nemmeno proteggere la sua famiglia di certo non è in grado di proteggere i cittadini. Anche la fiducia nei confronti di mio marito si sgretolò. Mi colpì l'amara consapevolezza che non era altro che uno sconosciuto. Gli urlai addosso: "Il fatto che sia mia sorella non cambia nulla?", ma fu inutile. Quella singola telefonata fu il motivo per cui divorziammo.

«Sono stata nei panni dei famigliari di una vittima, quindi lo so bene. So quanto tutto il procedimento sembri un muro insormontabile e indistruttibile. Eppure, ci si fida della polizia e si aspetta. Sai come ci si sente a vedere in manette un tipo qualunque o le indagini che non fanno progressi?»

Lo guardai dritto negli occhi. E, non volendomela dare vinta, lui fece lo stesso con me. Eravamo fatti della stessa pasta. La suoneria del suo cellulare ruppe il silenzio.

«Sì? Sono in sala interrogatori adesso.»

Il suo voltò si incupì. Girò la testa di lato per paura che potessi sentire. Fingendo di non essere interessata e di non avere alcuna intenzione di origliare, mischiai i tarocchi che erano sul tavolo. Ne cadde uno dal mazzo.

Era la carta dell'Imperatore.

L'Imperatore al centro della carta ha la barba bianca, è seduto su un trono solido e compatto, indossa fiero un mantello rosso che copre un'armatura e si guarda intorno in modo circospetto. Lo scenario che si intravede alle sue spalle è di difficile interpretazione, non si sa se sia una terra desolata destinata a trasformarsi in terra fertile o una terra un tempo fertile che ora è desolata.

L'imperatore, cioè il mio ex marito, riattaccò. Stava provando a fare finta di niente ma sembrava scosso. Tossicchiò un paio di volte.

Abbassò la testa e parlò, evitando il mio sguardo. «Tu... l'hai scoperto davvero con i tarocchi?»

«In che senso?»

«Il fatto che si trattava di un omicidio, intendo» lo disse guardandomi, questa volta. «Mi hanno detto che un uomo che si dichiara essere il colpevole si è appena consegnato.»

«Il marito?»

«Sapevi che era lui?»

«Se uno dei due coniugi muore, indicare l'altro come sospettato durante le indagini è questione di buonsenso.»

«Il buonsenso ha funzionato.»

Mentre riorganizzava i documenti, fece per alzarsi. Ma io ero curiosa.

«Tra poche ore il corpo sarebbe stato cremato, dopodiché sarebbe stato il crimine perfetto. Mi chiedo perché l'abbia fatto.»

«Basta che abbia confessato spontaneamente, cosa te ne importa?»

Non lo ascoltai neanche, ero troppo curiosa.

«Come mai si è consegnato?»

Yoohan mi disse la verità come se mi stesse facendo un favore.

«Dice che la moglie voleva ucciderlo. Sta blaterando cose senza senso riguardo a fantasmi e robe del genere. La macchina con cui è venuto in caserma ha le gomme a terra e non appena è arrivato ci ha pregato di metterlo in prigione, dice che ha commesso un reato capitale. Questo caso è maledetto, forse. Ci sono i fantasmi, i tarocchi...»

Il fatto che il caso fosse stato risolto in modo surreale lo faceva sentire a disagio. Continuava a lanciarmi occhiate furtive.

«E quindi quella tua carta lì è solo un caso?»

Annuii.

«Esatto, quindi non dare troppa importanza a ciò che dico.»

«Ah, sì? Un caso.» Si alzò per primo. «Vai a casa. E poi...» continuò, esitante. «Per quanto tirare avanti possa diventare difficile, la cucina di un hostess bar non ti sembra un po' esagerato?»

Ero senza parole.

«Per dirlo senza mezzi termini, tu sei un'ex poliziotta, e tuo marito...»

«Il mio ex marito, prego.»

«Il tuo ex marito è un ispettore, e ti fai beccare a infrangere la normativa sull'igiene alimentare. Se sei davvero così tanto in difficoltà, chiamami. E manda qualche soldo a tuo padre. A volte glieli mando io, ma comunque...»

Non diceva nulla che valesse la pena di essere ascoltato con attenzione. "Hai detto ciò che volevi, ora vattene" pensai.

«E poi...»

Ancora?

«Ho sempre lo stesso numero di telefono. Te lo dico perché non si sa mai. Se hai bisogno, chiamami.»

Risposi alla sua gentilezza inaspettata con un sorriso. In queste situazioni, sorride bene chi sorride ultimo, no? Dannazione.

«Finisci il tuo interrogatorio e vattene. E non farti più vedere in commissariato.»

"Non posso sputargli in faccia mentre gli sorrido, vero? Quant'è la multa se lo faccio?"

Ripensai che avevo fatto benissimo a divorziare da quella persona. Se solo non fossimo stati in una stazione di polizia gli avrei dato un calcio in piena faccia.

5

Il Papa

NON FECI LETTURE DI TAROCCHI per qualche giorno. Decisi di prendermela comoda per un po' dopo il fermo della polizia. Tutto si era concluso con il pagamento di una multa per la mancata licenza del negozio. Non era successo nulla a me in prima persona, ma ero stata segnalata come individuo collegato ai locali notturni quindi non potevo assolutamente finire di nuovo in commissariato.

Ci fu, inoltre, un omicidio nelle vicinanze della zona residenziale. Circolavano voci che fosse stata uccisa una maîtresse ormai in pensione, tale Madam Yang. Si diceva che fosse cinese di discendenza coreana e che avesse lavorato come escort in Cina. Nessuno sapeva quale fosse la verità.

Ovviamente, nel mondo della prostituzione l'atmosfera era tesa. In queste circostanze era pericoloso incontrare di persona le *agasshi*. Se mai ci fosse stata una sospettata fra loro, avrei dovuto perdere tanto del mio tempo a collaborare con la polizia.

Stavo sistemando gli abiti neri che avevo portato in lavanderia, quando la porta si aprì. Mi girai e vidi una donna giovane e affascinante, che indossava vestiti di lusso, entrare a passo sicuro nel locale. Dall'età poteva essere un'*agasshi*, ma dal modo in cui si poneva e dai vestiti che indossava sembrava più una maîtresse, una madam di un certo livello. Non mi chiese neanche il permesso di entrare. Sembrava una bestia feroce che si aggira tranquilla nel proprio territorio di caccia.

«Sono qui per vedere Madam Tarot.»

Persino la sua voce era affascinante, aveva un tono sofisticato che somigliava a quello di un'attrice di teatro. Ho sentito che ci sono delle accademie a Gangnam dove le madam seguono lezioni di portamento, di servizio ai clienti, di comportamento, di moda, di gestione aziendale e quant'altro. L'immagine frivola e trasandata che si associa alla figura della maîtresse è introvabile a Gangnam. Le madam che si trovano in quella zona hanno tutte un'aria sofisticata e sicura di sé tipica delle dirigenti d'azienda che hanno conosciuto il successo in giovane età.

«Sono io Madam Tarot, come posso aiutarla?»

Per tutta risposta si accasciò sul divano e vi sprofondò. Era senza dubbio un gesto maleducato, ma non sembrò tale, anzi. Emanava un'inspiegabile eleganza.

«Ho una curiosità» disse fissandomi dritta negli occhi.

Era uno sguardo estremamente insolente. Il suo comportamento era tipico di una persona abituata ad averla sempre vinta.

«Mi dispiace, ma non offro consultazioni al momento. La contatterò non appena riaprirò le prenotazioni. Può lasciarmi un suo contatto?»

Rifiutai fermamente, mantenendo un tono educato. Saper rifiutare è essenziale se si leggono i tarocchi. Se non si riesce a dire di no, il tempo per ogni seduta si prolunga a oltranza.

«Lo so che riceve solo su prenotazione. È ovvio, visto che gode di una certa fama. Anch'io ricevo solo su prenotazione, soltanto clienti di cui mi fido.»

«Chi le ha parlato di me?»

Non potevo mandarla via così, magari aveva qualche contatto con Seohee.

«Ho sentito che lei sta cercando Camilla.»

«Esatto. Per caso la conosce?»

«Ma certo, molto bene.»

«Se ha il suo contatto, magari...»

Mi rispose prima che potessi finire la frase.

«È proprio di fronte a lei.»

Rise in maniera esagerata, come la protagonista di uno spettacolo teatrale, con lo sguardo rivolto verso di me, il suo pubblico. Era una donna strana. E aveva anche un'aria fredda. Non aveva decisamente nulla di ordinario.

«Conosce per caso Seohee... cioè, Choi Ayeong?»

«Le conosco molto bene entrambe. Cho Seohee e Choi Ayeong. Le conosco tutte e due. Molto meglio di quanto possa immaginare.»

Ebbi un leggero giramento di testa. Tutte le domande che avrei voluto farle dopo averla incontrata mi sfuggirono dalla mente come piume al vento. Quell'incontro inaspettato mi mandò nel pallone.

«Si sieda lì.» Si comportava da protagonista.

Mi sedetti sul divano, di fronte a lei. Allungai frettolosamente il cellulare per mostrarle due foto: quella di Seohee molto prima che andasse via di casa, e quella che mi aveva dato Ayeong, dopo gli interventi di chirurgia.

«Esatto, lei è Seohee. E quella è Ayeong. Sono proprio le *agasshi* che conosco io. Alla fine, entrambe hanno intrapreso quella strada, eh? Erano piene di debiti.... Non dovevano ripagare dei prestiti, ma restituire dei soldi all'agenzia dove si erano preparate al debutto e che aveva investito su di loro. In fondo il mondo dello spettacolo e quello a luci rosse non sono poi così diversi. Hai mani e piedi legati per via del contratto e ti indebiti a causa dei soldi che investono su di te. È proprio per i soldi che hanno iniziato a fare quel lavoro. Hanno lavorato sodo per debuttare e hanno accumulato debiti su debiti. Che senso ha far parte di quel mondo se non sei una top star? Vivere da celebrità o da *agasshi* non fa differenza, fin quando riesci ad accrescere il tuo valore. Per me non c'è differenza tra noi e loro. Non lo pensi anche tu, madam?»

Madam?

Il mio soprannome era Madam Tarot, ma finora nessuno si era rivolto a me con quell'appellativo. Un velo di imbarazzo trapelò sul mio volto e lei se ne accorse.

«Scusa, è per abitudine. Mi scusi.»

Tendeva a mischiare registro formale e informale quando parlava. È un buon trucchetto per ridurre la distanza tra se stessi e il proprio interlocutore.

«Non c'è problema. Per caso parla ancora con Seo...»

«Ho una richiesta per lei, prima. Potrebbe leggermi i tarocchi?»

Camilla, che fino a quel momento era rigida e con le braccia conserte, si sciolse e venne verso di me. Dovevo acconsentire alla sua richiesta prima di poter passare alla mia.

«Certamente. Aspetti un attimo.»

Come sempre, iniziai con il solito rito per purificare l'atmosfera prima di passare alla lettura. Distesi il velluto sul tavolo e vi poggiai sopra la sfera di cristallo. Poi tirai fuori il mazzo di tarocchi dalla scatola di legno. Le carte emanavano un leggero odore legnoso.

«Si è mai fatta leggere i tarocchi prima d'ora?»

«È la prima volta. Ma vado da una bravissima sciamana, ogni tanto.»

«Nei tarocchi, le domande sono importanti. Pensi a una domanda. Capita che lo stesso percorso di ricerca della domanda sia proprio quello che porta alla risposta, quindi capita che ci siano dei clienti che vanno via senza aver bisogno della lettura. Allora, cosa vuole sapere?»

«Chi ha ucciso la madam dell'hostess bar Victory?»

Quella domanda inaspettata mi sorprese.

«Si riferisce a quel caso lì, vero? In cui è morta una maîtresse in pensione.»

«Le voci si spargono in fretta, in questa zona.»

«Credo che la polizia stia già investigando...»

«Sì, dicono si sia trattato di una rapina finita male. È assurdo, non crede? La polizia ha visto com'era messa la casa e nonostante questo si parla di una rapina sfociata in un omicidio.»

Sul suo voltò si delineò un'espressione severa.

«Il suo appartamento era la definizione di minimalismo, tanto che veniva da chiedersi se lì ci vivesse una madam o un monaco. Si era liberata di tutti i gioielli, e aveva spartito borse e borsette di lusso tra le *agasshi*. Non aveva la tv né ori. Come può essere una rapina finita male?»

Non conoscendo tutta la storia mi limitai a un sorriso incerto.

«Non sono una poliziotta, non so davvero cosa dirle.»

«Per questo sono venuta qui. Madam Yang era una persona a cui sono sempre stata molto vicina, sin da quando ero un'*agasshi*. Grazie a lei ho superato tanti momenti di crisi. Quando ho sentito la notizia ero scioccata. La sua morte mi ha colpita talmente tanto che sono andata da una sciamana, e anche da una chiromante a farmi leggere il *saju*.»

«E cosa le hanno detto?»

«Nulla che tu debba sapere.»

Lo disse in modo così tagliente che mi sentii umiliata.

«Scusa, di giorno parlo in modo brusco. È perché sono suscettibile. Comunque sia, non si può conoscere l'assassino tramite i tarocchi?»

Conoscere l'assassino.

«No, non si può individuare il colpevole con i tarocchi. Come lei sa.»

Un velo di frustrazione le attraversò il volto.

«Già. So anch'io che è una domanda da stupidi. Ma bisogna prenderlo, a tutti i costi.»

«La polizia starà sicuramente già indagando.»

«E se non lo trovano? Se non si dovesse scoprire mai chi è stato a ucciderla?»

Diventerà un caso irrisolto. Io stessa mi sentivo il cuore pesante a doverle dire che non si poteva. Quanto sarebbe bello se i tarocchi sapessero dirci chi sono gli assassini.

«Ho sentito che i tarocchi sono come uno specchio. Me l'ha detto Anna. Dice che attraverso i tarocchi viene fuori la tua vera anima.»

«È così.»

«Non possiamo svelare chi sia il colpevole, ma potremmo farci un'idea di ciò che è successo al momento dell'incidente? I tarocchi potrebbero rivelarlo, vero?»

«Forse. I tarocchi sono carte con cui si guarda al futuro, ma possiamo provare. Non so neanch'io se guardare nel passato possa aiutare nella risoluzione del caso.»

«Non m'importa.»

Mischiando le carte, le dissi: «Pensi alla domanda che vuole fare. "Chi ha ucciso Madam Yang?" Si concentri su quello».

Le disposi poi a ventaglio sul velluto.

«Ora ne peschi una con la mano che usa meno, quindi la destra se è mancina.»

Camilla non riusciva a scegliere.

«Non si preoccupi, segua l'istinto. Si fidi della sua mano.»

Pescò una carta sul lato sinistro.

«Me la passi.»

La presi in mano.

«Proviamo a capire chi è quest'assassino?»

Girai la carta.

Era il Matto. Perché era uscita proprio quella carta?
«Uno stupido? Un matto?»
Camilla era stranita.
«Significa che l'assassino è uno stupido?»
«Sì, quello, oppure che siamo state stupide noi a fare questa domanda. Ma interpretarla così è riduttivo, questa carta ha anche il significato di "inizio". Un nuovo inizio del caso, o una sfida avventata.»
«Era proprio una domanda stupida.»
«Al mondo non ci sono domande stupide né domande senza risposta.»
«Ma lei ha detto avventata, no?»
«Avventato non equivale a insensato. Visto che c'è una persona che fa domande su questo caso, vi sarà senza alcun dubbio una soluzione.»
«È ottimista.»
«Nella mia situazione, non mi conviene essere pessimista. Ha altre domande?»
«No. Quanto le devo?»
«Nulla, si figuri.»
«Insisto.»
«Se invece potesse dirmi qualcosa in più su Seohee...»
«Una volta risolto questo caso, e solo allora, le dirò di più.»
«Mi dia almeno un suo contatto.»
Camilla posò il suo biglietto da visita sul tavolo e si alzò.
«Ho aperto da poco un nuovo hostess bar, quindi sono un po' impegnata. Tuttavia, se le viene altro in mente in merito a questo caso mi contatti quando vuole. Le metterò volentieri a disposizione una camera.»
Raccolsi il biglietto e feci per salutarla, ma era già

uscita. Non era per niente una persona piacevole, anzi. Sembrava educata, ma era anche antipatica. Tuttavia, sapeva qualcosa su Seohee, quindi non avevo alternative. Era evidente che nel nostro rapporto fosse lei ad avere il coltello dalla parte del manico.

Non appena andò via, cercai informazioni sul caso di Madam Yang sul cellulare. Nella sezione notizie non c'erano altro che brevi resoconti del caso. Dopo aver affinato la ricerca, però, mi imbattei in una community sulla quale circolavano diversi pettegolezzi. Soprattutto nei gruppi online dei club e degli hostess bar i post erano molto più schietti e crudi.

Madam Yang era morta perché non era stata in grado di gestire i fondi di una gang cinese, oppure a causa di un'iniezione fatale a opera del suo protettore, il direttore di una famosa clinica di chirurgia plastica, o ancora era l'amante segreta di un uomo ricco e potente del quale era rimasta incinta, o era morta mentre tentava di spifferare dei segreti aziendali che era venuta a sapere tramite i suoi contatti all'interno dell'hostess bar, e così via. C'erano le speculazioni più disparate. Non sapevo chi e con quale scopo avesse scritto tutto ciò, perciò quella ricerca non mi servì a nulla.

"Mi sarebbe d'aiuto dare un'occhiata ai documenti del caso..."

Anche il desiderio di vedere la scena del crimine era una deformazione professionale. Non ero più una poliziotta e quindi non potevo vederla, ma la curiosità restava. In più, dovevo venire a capo di questo caso per ottenere più informazioni da Camilla. Dovevo risolverlo per forza. Sarei stata costretta a chiedere il suo aiuto?

Arrivò alle diciannove in punto.

«Seoran!»

Seonghoon era a proprio agio, come se stesse andando all'incontro di un club universitario. Quando ci eravamo incontrati al commissariato ero un po' stordita quindi avevo tenuto a freno le emozioni, ma ora mi faceva davvero piacere rivederlo. Gli anni in cui non ci eravamo visti sembravano secoli. Ho sempre tenuto a lui in modo particolare, perché è uno di quei tipi sempre allegri.

«Scusa il ritardo. È da tanto che aspetti?»

«No. Anch'io ho avuto da fare con un cliente che è venuto all'improvviso.»

Allungò verso di me una tazza di caffè e un sacchetto da pasticceria.

«Non dovevi disturbarti.»

«Ricordo che ti piaceva, no? La pasticceria di fronte alla scuola, quella che vende i dolcetti alla crema.»

«Sei andato fino a lì di proposito?»

«Ma certo, è il minimo, visto che non ci vediamo da tanto» disse ad alta voce mentre si sedeva sul divano. Era quello il suo punto forte: ricordarsi anche dei piccoli dettagli ed essere premuroso con gli altri.

«Quel giorno sono stato chiamato per un'emergenza e non sono nemmeno riuscito a parlare con Yoohan. Ma mi ha detto che vi siete incontrati, giusto? Niente da fare, è proprio destino tra voi due.»

«Non è nulla di ciò che immagini.»

«Cogliete quest'occasione e riprovateci. Quando stavate insieme avevate fatto un giuramento di sangue, no? Avevate promesso che non vi sareste mai lasciati.»

«Da ubriachi si fa di tutto. La smetti di prendermi in giro?» lo rimproverai mentre tiravo fuori il dolcetto alla crema e lo adagiavo su un piatto. «Tieni, mangia.»

«Non ho ancora finito di prenderti in giro. Ho sentito che avete fatto una gran bella litigata nella sala interrogatori.»

«Da chi l'hai sentito?»

«Yoohan.»

«Ma che cosa gli passa per la testa? Perché ha parlato del nostro litigio?»

«Anche se non me l'avesse detto lui, la voce si era già sparsa. Che era una lite tra amore e odio, dicono. L'hanno visto tutti mentre scrivevano i verbali, no?»

«Non ho parole. È impossibile tutelare la propria vita privata.» Buttai giù il caffè tutto d'un fiato.

Seonghoon diede un morso al dolce, poi chiese: «Perché ti interessa il caso di Madam Yang?».

«Mi serve, te l'ho detto.»

«La conosci?»

«No.»

«E allora lascia perdere.»

«Ti ho detto che ho bisogno di informazioni. Ti ho chiesto il favore perché non mi sembra una cosa che ti potrebbe mettere nei casini. Non ti preoccupare.»

«Se quella fosse stata la mia preoccupazione, non sarei nemmeno venuto.»

«Non c'è ancora un sospettato, giusto?»

«Giusto, signora.» Tirò fuori il suo portatile dalla borsa.

Mangiucchiai il dolce alla crema mentre lui lo sbloccava. Il gusto dolce della crema mi esplose in bocca. A pensarci, era il primo pasto della giornata.

«Questi sono i documenti del caso.» Spostò la sedia per mettersi accanto a me. Osservammo attentamente le foto della scena del crimine e iniziammo a ragionare.

«Qualcosa di particolare su questo caso?»

«Non direi. Quello che c'è da sapere è nel comunicato stampa. Non abbiamo ancora individuato un sospettato. Il 30 luglio Madam Yang, nome fittizio di Kang Hari, proprietaria del Victory, è deceduta in seguito a un assalto dopo una rapina finita male.»

«Il suo cognome non era Yang?»

«Purtroppo no.»

«Tutti cambiano il nome come vogliono. Avete confermato che si è trattato di un assalto in seguito a una rapina?»

«Lo hanno schedato così, non essendoci altro da prendere in considerazione.»

L'omicidio si era consumato al terzo piano della Line Villa, non molto lontano da casa mia.

«Il portoncino d'ingresso era aperto e all'interno era tutto sottosopra. Il primo a lanciare l'allarme è stato il compagno, Jang Yeongbae. La vittima era rientrata a casa intorno alle otto la mattina dell'omicidio. Si era ritirata ormai dal suo lavoro di madam, ma dicono che ogni tanto aiutasse qualche maîtresse o ragazza che ne aveva bisogno. Il compagno aveva un appuntamento intorno alle tredici, quindi è uscito ed è rientrato intorno alle venti.»

Mi concentrai sul racconto di Seonghoon mentre leggevo contemporaneamente il rapporto.

«Una volta tornato a casa l'ha trovata morta, con del nastro adesivo verde sulla faccia, giusto? Distesa sul letto.»

«Esatto.»

«Il compagno ha chiamato il 119, immagino?»

«Non il 119, ha chiamato la polizia. Perché era una rapina.»

«In questo tipo di omicidi, solitamente il partner è il primo a essere sospettato.»

«Ovviamente c'erano dei dubbi su di lui. Ma il suo alibi è stato confermato. È uscito per incontrare un amico, e si sono effettivamente visti. Abbiamo verificato le telecamere del locale, i movimenti della carta, la geolocalizzazione del cellulare eccetera.»

«Quindi è sicuro che non ci fosse al momento della morte della compagna. Ma non c'è la possibilità che l'abbia uccisa prima delle tredici, prima di uscire?»

«Intorno alle dieci, Madam Yang era al telefono con una certa Camilla, un'altra madam che ha da poco aperto un hostess bar. A suo dire, durante quella chiamata Madam Yang si era lamentata del fatto che il compagno fosse rientrato a casa a notte fonda e che stesse ancora dormendo, a quell'ora.»

Camilla aveva già parlato con la polizia prima di venire da me. Il fatto che me l'avesse nascosto mi infastidiva. Che fosse venuta per mettere alla prova le mie abilità?

«Che rapporto avevano? Nelle community online si dice che andavano d'accordo, ma si parla anche di tradimenti. Si dicono tante cose, insomma.»

«Un rapporto ordinario.»

«Ordinario?»

«Litigavano come qualunque altra coppia. Lui beveva, giocava d'azzardo. Niente di straordinario, un rapporto normale. All'inizio anche noi abbiamo dubitato del compagno, ma c'erano evidenti segni di scasso dall'esterno, e la porta d'ingresso era aperta.»

«Be', allora capisco che sia stato catalogato come rapina.»

Le foto della scena del crimine continuavano a ronzarmi in testa.

«Seonghoon, tu sai cos'è il minimalismo, sì?»

«Sì.»

«Guarda bene la casa di questa donna. Ci sono solo gli arredi essenziali, niente da rubare. Non pensi si sia potuto trattare di una forma di risentimento?»

«Anche a me sembra un po' strano, Seoran, ma ai piani alti non credo la pensino così. Più che quello, il problema è che non si riesce a definire l'ora esatta della morte. Il problema è il letto, che è di marmo con riscaldamento incorporato. Era impostato al massimo, e la parte inferiore del corpo era coperta da una trapunta.»

«Sarà stato piuttosto complicato occuparsi del corpo con quel caldo.»

Non ero andata sulla scena, ma sembrava che quell'odore sgradevole trasudasse dalle foto. Stavo per ritornare al mio dolcetto, ma lo misi da parte. Chiunque non abbia mai sentito la puzza di un cadavere d'estate non può lontanamente immaginare quanto sia ripugnante.

«A dirla tutta, anche quello mi è sembrato un po' strano. Non sembra proprio opera di un principiante, né tantomeno un incidente. Essendo stato rinvenuto in quel modo, non si poteva risalire all'ora della morte basandosi sulla temperatura corporea, era troppo caldo. Penso che non sia stato un caso.»

Quando ero in polizia, non mi sono occupata di tanti casi di crimini violenti, ma era risaputo che risalire all'ora del decesso era una delle prime cose da fare. Era una cosa ovvia.

«La polizia ne saprà sicuramente più di me, ma...» Fui molto attenta con le parole. Seonghoon era un mio caro amico, ma pur sempre un poliziotto. «... Non potrebbe trattarsi di uno psicopatico che ha guardato troppe serie tv di *true crime*? Ha premeditato tutto. Se non si può risalire all'ora del decesso, né arrivare a un sospettato...»

Seonghoon annuì, capendo dove volevo arrivare: «Diventerà un caso irrisolto».

«Chi è il detective responsabile delle indagini?»

«Secondo te?»

«Yoohan?»

«Bingo!»

«La cosa ti piace, vedo. Andrai a fare rapporto? Gli dirai che sto indagando su questo caso?»

«Io sono sempre dalla tua parte.»

«Grazie, allora.»

«Ora non ti chiedo neanche perché ti stai interessando a questo caso. Se mi spingo troppo oltre, finisco nei casini. Sai quanto è stato difficile per me diventare un poliziotto?»

«E per questo ti sono ancora più grata. Comunque, *signor detective.*» Scrutai la sua espressione.

«Cos'è questo tono serio all'improvviso?»

«Questi file non possono essere condivisi, immagino.»

«Ovviamente no. Lo sai anche tu che non si può, vero?»

«Certo, lo so molto bene.»

«Dov'è il bagno?»

«Da quella parte.»

«Lo sai, eh. Non si toccano i dispositivi portatili degli altri per mandare messaggi, o aprire file, tantomeno se si tratta di un tablet che appartiene a un poliziotto.»

«Lo so, lo so. Sarebbe disdicevole.»

«Ed è assolutamente vietato condividere file mentre si è collegati alla rete, viene tutto tracciato, si vede con chi è stato condiviso. Ma se mentre sono in bagno fai delle foto a tutto, pagina per pagina, io come faccio a saperlo? Vado in bagno. Ci metto un po'.» Si alzò dalla sedia.

Che tipo.

Grazie a lui riuscii a ottenere tutti i file del caso.

6

Gli Amanti

NON USCII DI CASA per due giorni. Lasciai la saracinesca del negozio abbassata, e lessi e rilessi i documenti che avevo ricevuto da Seonghoon. Ogni volta che ritornavo alla prima pagina trattavo il caso come uno nuovo, prestando estrema attenzione. Avevo l'ansia che mi sfuggisse qualcosa.

Guardai meticolosamente soprattutto le foto della scena del crimine, talmente tanto che avrei potuto disegnarle a occhi chiusi. Speravo di avere una capacità straordinaria che mi permettesse di captare qualunque indizio da quelle foto.

Per di più, il condizionatore era rotto, e il ventilatore era l'unica arma che avevo contro la calura estiva. Per fortuna, dal pomeriggio iniziò a tirare una tiepida brezza. Mi addormentai mentre guardavo le foto sul cellulare. Mi svegliai dopo circa quattro ore con il corpo madido di sudore.

Morivo dalla voglia di andare in un bar con l'aria condizionata, ma avrei dovuto portarmi dietro dei documenti sensibili ed ero preoccupata che gli altri clienti avrebbero potuto vederli.

Feci una doccia per riprendermi e tornai a concentrarmi sul caso.

Il volto della vittima era completamente ricoperto di nastro adesivo verde, il colpevole aveva accuratamente coperto tutto il viso affinché neanche una parte fosse esposta. In un'altra foto si vedevano entrambe le mani, legate tra loro dallo stesso nastro.

Tra i documenti del caso erano registrate anche le impronte delle scarpe del colpevole. Come mi aveva spiegato Seonghoon, la porta della camera in cui era stato rinvenuto il cadavere era aperta.

Girai le foto da un lato, poi dall'altro, mi misi in piedi per osservarle, ma non riuscii a trovare nulla che la polizia non avesse già registrato: nessuna differenza, nessun indizio che fosse sfuggito.

"Resterà davvero irrisolto?"

Sentii il cuore pesante.

Il giorno prima avevo chiesto a Seonghoon della famiglia di Madam Yang. Mi aveva detto che, fatta eccezione per il compagno, non aveva una vera e propria famiglia. Aveva aggiunto, con amarezza, che nonostante i genitori fossero ancora in vita, avevano rifiutato di pagare le spese del funerale per "una figliaccia che aveva lavorato in un bar". Non era ufficialmente sposata, quindi era di fatto una donna senza famigliari né amici. Una morte amara, senza neanche un funerale.

Era una situazione che mi toccava da vicino. Se Seohee era già morta, non le avevo neanche organizzato il funerale, né avrei mai saputo il giorno della sua morte. Era parte della mia famiglia, ma non c'era niente che io potessi fare per lei.

Mi sentii mancare l'aria a causa del caldo. Mi veniva difficile persino tenere in mano i documenti del caso, tanto sentivo le forze abbandonarmi; ma allo stesso tempo, la mia voglia di trovare l'assassino di Madam Yang continuava a crescere. Era già ingiusto il fatto che sarebbe stata sepolta senza alcun famigliare, se il suo caso finiva per restare irrisolto quanto sarebbe stato triste e frustrante? Anche senza il suggerimento di Camilla, sentii il mio istinto da poliziotta spingermi a catturare l'assassino.

Tornai in me e poi tirai fuori i tarocchi.

"È una cosa da stupidi, ma proviamoci."

Mischiavo le carte mentre guardavo le foto della scena del crimine, ancora e ancora, in attesa di individuare la domanda.

Le carte dei tarocchi non sono uno strumento di chiaroveggenza, era impossibile che mi dicessero chi fosse l'assassino. Tuttavia, speravo ardentemente che accadesse, per qualche strana coincidenza.

Mi venne in mente la domanda.

"Com'è morta questa donna? Posso vedere tutto il processo?"

Mischiai le carte un altro paio di volte, mentre pensavo alla domanda. A partire dalla prima carta sopra al mazzo contai uno, due, tre. Pescai tre carte e le posai sul tavolo. Girandole nello stesso ordine, vidi che erano il Due, il Sei e l'Otto di Spade.

I tarocchi sono formati dagli Arcani Maggiori, ventidue carte che riassumono le parole chiave della vita, e gli Arcani Minori, cinquantasei carte che esprimono aspetti della vita di tutti i giorni e sono utilizzati anche nei giochi di carte.

Gli Arcani Minori sono suddivisi in quattro semi: i Bastoni, rappresentati dal disegno delle mazze, i Denari, rappresentati come monete, le Spade, rappresentate da fioretti, e le Coppe, disegnate sotto forma di calici. Ciascuno di loro rappresenta uno dei quattro elementi, rispettivamente fuoco, terra, aria e acqua. Ogni seme è formato da quattordici carte, compresi il re, la regina, il fante e il cavallo.

Fortunatamente avevo pescato tutte carte di Spade, cioè del seme d'acqua. Quando le carte mostrano una preferenza nei confronti di un determinato elemento, significa che è in quell'elemento che c'è qualche problema.

Le Spade simboleggiano l'intelletto e la razionalità. Si

dice che una penna sia più potente di una spada, ma nei tarocchi la penna, cioè il pensiero razionale, è indicata proprio dal seme di Spade. Se si fosse davvero trattato di una rapina finita male sarebbero venuti fuori i Denari, che rappresentano i soldi.

"Ma che razza di interpretazione è?"

La mia razionalità si stava ribellando.

Ovviamente. Quest'ipotesi non aveva basi scientifiche, non era il modo in cui indagava la polizia, lo sapevo bene. Ma provai a vederla dal punto di vista di una cartomante, non da quello di una poliziotta. Misi da parte per un attimo la logica che mi spingeva a ragionare in modo razionale.

"C'era stata una qualche discordanza di opinioni tra la vittima e il suo carnefice? Una discussione tra due conoscenti? C'erano di mezzo i soldi? La gestione del locale?"

"Queste sono le uniche cose che mi vengono in mente, a questo punto" pensai. È impossibile farsi un'idea sull'umore, il modo di parlare e le emozioni delle persone coinvolte nel caso facendo riferimento solo a ciò che è scritto sul verbale. È così per tutti i casi. Quindi devo usare al massimo il mio sesto senso.

Presi in mano ciascuna delle carte che avevo pescato e le osservai.

Due di Spade.

Una donna con gli occhi bendati è seduta su una sedia, ha le braccia conserte e tiene in ciascuna mano una spada molto lunga.

Sei di Spade.

Un traghettatore e due passeggeri sono su una barchetta. Questi ultimi sono un adulto e un bambino; l'adulto potrebbe essere uno dei genitori. Sulla prora della nave sono infilzate sei spade. Attualizzando la scena, sembra quella di due clandestini che si imbarcano nella stiva di una nave.

Otto di Spade.

Una donna in piedi con una benda bianca sugli occhi ha le mani legate dietro la schiena. Le sue gambe non sono legate. Intorno a lei, otto lunghe spade sono conficcate nel terreno.

Innanzitutto, provai a riportare alla memoria le parole chiave di ciascuna carta.

«Il Due di Spade rappresenta la scelta, il Sei di Spade la partenza, l'Otto di Spade le mani legate...»

Pensai che la vittima si fosse trovata in uno stato di disorientamento a causa di un qualche conflitto, ma null'altro. Non riuscii a trovare alcun indizio che mi portasse a individuare un sospettato. Questo era tutto ciò che sapevo fare?

Afferrai il biglietto da visita di Camilla, l'ultima persona con cui Madam Yang aveva parlato al telefono. Era palese che avessi bisogno di una dritta da parte di qualcuno che conosceva bene la vittima.

Io e Camilla ci demmo appuntamento due giorni dopo. Il luogo del nostro incontro era inaspettato: un orfanotrofio in periferia.

Una volta arrivate, Camilla distribuì dei panini fatti in casa ai bambini, aiutata dai volontari. A giudicare dalla confezione, dovevano essere stati preparati in un hotel famoso. Persino gli hamburger che offriva erano di lusso.

A essere onesta, quel giorno quasi non la riconobbi subito, forse perché indossava vestiti semplici. Senza trucco aveva dei lineamenti piuttosto giovanili. Non riuscii a capire la sua età, ma a vederla così sembrava una studentessa universitaria tra i venti e i trent'anni, senza alcun dubbio.

Camilla mi accompagnò al ristorante. Era deserto, il che lo rendeva adatto per parlare in privato.

«Se non prendono il colpevole, resterà un caso irrisolto?»

«È probabile.»

Ci fu un momento di silenzio.

«Comunque sia, sono stata piuttosto sorpresa di essere contattata direttamente dalla famosa Madam Tarot. Le ho detto di vederci in questo posto e non mi ha neanche chiesto perché, e la cosa mi ha stupito ancora di più. Non è curiosa di sapere perché l'ho fatta venire qui?»

Non ero curiosa per niente. Qualunque posto andava bene. Erano altre le cose che volevo sapere.

«Più che quello, mi ha sorpreso sapere che lei è stata l'ultima persona con cui Madam Yang ha parlato al telefono. Perché non mi ha detto che era stata interrogata dalla polizia?»

«È una cosa importante?»

«Non particolarmente, ma la domanda avrebbe potuto essere diversa e così anche la risposta dei tarocchi. Sa, loro detestano le bugie più di qualunque altra cosa.»

«Peccato. Tutta la mia vita è una menzogna, la realtà è così noiosa. Non crede?» rise, in modo autoironico.

Non era nulla di che, ma qualunque cosa facesse riusciva a mettere a disagio il suo interlocutore.

«La vede quella bambina, quella sull'altalena?» Camilla indicò un punto fuori dalla finestra. Era una bambina con i capelli a caschetto.

«Sì.»

«Si chiama Kang Hari.»

«Che bel nome.»

«Vero? Il suo nome inglese è Victory.»

«Victory» ripetei senza pensarci. Poi me ne resi conto. «Victory? È quel... Victory? L'hostess bar?»

«È la figlia di Madam Yang.»

«Ah... Kang Hari. Kang Hari.»

Avevano anche lo stesso nome.

Per un po', io e Camilla restammo a osservare la ragazzina che dondolava sull'altalena sfidandosi con gli amichetti, all'oscuro di tutto ciò che riguardava sua madre. Ogni volta che si dava la spinta con i piedi arrivava sempre più in alto. Bastava guardarla ridacchiare per capire che era nel pieno dell'adolescenza.

«Quando lavoravo con Madam Yang, una volta le ho rubato cinquanta milioni di won. Avevo perso la testa per un uomo, il chirurgo che mi aveva rifatto il seno. Appena sveglia dall'anestesia, pensai che fosse il mio ragazzo.»

Camilla mi disse che si era innamorata di lui, e che aveva finito per investire dei soldi nell'ospedale che il chirurgo stava per aprire. Diceva di essere preoccupato per le spese di ristrutturazione. Lei era stata la prima a offrirsi di prestargli dei soldi, che lui all'inizio aveva fermamente rifiutato, ma che alla fine aveva accettato. Le aveva promesso che glieli avrebbe restituiti con tanto di interessi, e l'aveva rassicurata dicendole di non preoccuparsi.

«La mia idea iniziale non era di rubare i soldi a Madam Yang, avevo intenzione di prenderli, usarli per poi restituirli immediatamente. Vendo alcol, vendo sorrisi, ma non la mia fedeltà. Tuttavia, quell'uomo mi ha ingannata.»

Camilla era molto brava a raccontare questo tipo di storie anche da sobria. Se non fossimo state in un orfanotrofio, avrei ordinato una bottiglia di *soju*.

«Mi diressi subito al fiume Han. Non per quei cinquanta milioni, ma perché ne avevo già investiti trecento.»

«Le bastava, annullare l'investimento, no? Addirittura suicidarsi...»

«Dicono tutti così. "Il tuo lavoro va bene", "Hai tanti clienti", "Sei una delle ragazze migliori", "In un mese guadagni molto più di cinquanta, anche cento milioni e ti preoccupi dei soldi?". Ma mi vergognavo a morte. Era stato un brutto colpo per la mia autostima. Quindi andai al fiume per farla finita, ma Hari era come un fantasma. Quando arrivai era già lì, in piedi.»

«Come faceva a saperlo?»

«Non lo sapeva. Era andata lì perché voleva buttarsi anche lei. Non so neanche quanto abbiamo pianto, tutt'e due. "Viviamoci questa vita" ci siamo dette. "La gente ci insulta, dicendo che guadagniamo i soldi in modo sporco, ma sono soldi sudati. Sono tutti degli stronzi bugiardi." Scoprii così che lei aveva saputo del mio furto immediatamente, il giorno stesso. "Prima o poi me lo dirà, avrà i suoi problemi" aveva pensato. Così mi aveva dato fiducia e aveva aspettato. Quel giorno ascoltai tutta la storia della sua vita.»

Madam Yang era una madre single, il padre della bambina era un suo cliente abituale. Non era mai andata a letto con nessun altro cliente prima di lui, e diceva che era un tipo a posto. Ci andò a letto perché si erano promessi in matrimonio, ma quando aveva scoperto che lei era incinta si trasferì in campagna, di fatto scappò. Tra l'altro era un uomo sposato, e poco dopo l'accaduto lui e tutta la sua famiglia emigrarono a Jakarta, dove era stato trasferito per lavoro. Madam Yang tenne nascosta la gravidanza e continuò a lavorare nell'hostess bar, ma un giorno vennero a cercarla i suoi genitori perché all'epoca aveva diciannove anni e quindi era ancora minorenne.

Dopo essere tornata a casa restò chiusa nella sua stanza, ma nel frattempo la sua pancia cresceva e cresceva, fino a quando anche i suoi genitori scoprirono tutto. Suo padre la assillava, dicendole di abortire, anche illegalmente, mentre sua madre diceva che poteva essere pericoloso, e insistette per farle portare a termine la gravidanza. Quindi partorì, e la neonata venne immediatamente mandata in orfanotrofio.

«Non smise mai di cercare la bambina. Fu difficilissimo perché i suoi genitori non avevano alcuna intenzione di dirle dove fosse. Alla fine l'aveva trovata, ma... invano, se n'è andata così. Anzi, no, è stata uccisa. So chi è stato, quello stronzo che si definisce il suo compagno. È sicuro. Lei voleva adottare Hari, a sua insaputa. Aveva già fatto il test del DNA per dimostrare legalmente la parentela.»

Il problema era il compagno.

Nel verbale della polizia c'era scritto che i due erano una coppia di fatto, convivevano. Dal punto di vista del partner, la sola esistenza di una figlia legittima di Madam Yang poteva essere problematica. In quel caso, probabilmente i due avevano litigato riguardo alla possibilità di aggiungerla al registro di famiglia. Madam Yang era ricca e, per quanto il compagno le avesse chiesto di registrare ufficialmente il matrimonio, lei aveva sempre rimandato. Lui era in attesa del momento propizio per poter mettere le mani sugli averi della compagna, pertanto quel tipo di problemi non gli facevano piacere.

«Madam Yang temeva che lui potesse prendersela con la figlia. Diceva che avrebbe risolto tutto in segreto. Hari non sa ancora dell'esistenza della madre, perché lei era segretamente in trattativa con l'orfanotrofio.»

Una volta ascoltate le parole di Camilla, mi tornarono in mente le tre carte che avevo pescato due giorni prima.

Una donna che doveva fare una scelta.

Una donna che aveva intenzione di partire con la sua bambina.

Una donna che aveva le mani legate.

Sembrava che i tarocchi sapessero qualcosa. Ma solo quello. Non potevo farmi un film basandomi su informazioni frammentarie.

Camilla ricominciò a parlare.

«Quel giorno, il giorno dell'incidente...» La sua voce, che fino a quel momento era rimasta imperturbabile, tremò leggermente. «Aveva un appuntamento con l'avvocato, nel pomeriggio.»

«Quest'informazione non c'è nel verbale della polizia.»

«Perché non gliel'ho detto.»

«E come mai?»

«Per paura che venissero a sapere di Hari, della bambina. Se rivelo tutto il caso verrebbe risolto, ma lei potrebbe essere in pericolo. Parliamo di uno stronzo che ha ucciso la mia amica per soldi: credi che si fermerebbe se venisse messa in mezzo la piccola? Ammettiamo che gliel'avessi detto. La polizia dovrebbe proteggerla per tutta la vita? Certo che no.»

Aggiunse inoltre che era preoccupata per lo shock che la bambina avrebbe potuto subire, se avesse saputo contemporaneamente dell'esistenza della madre e della sua morte. Avrebbe potuto vivere nella convinzione di esserne lei stessa la causa.

Restammo entrambe in silenzio, quasi impacciate. Poi lei si alzò dicendo: «C'è qualcos'altro che vuole sapere?».

«No, nient'altro. Più che a me, tutto ciò dovrebbe dirlo alla polizia...»

«Non ci penso neanche. A costo che passi per un crimine perfetto. Oggi mi ha un po' delusa, a dire la verità. Se era qualcosa che potevo dire alla polizia, perché mai avrei dovuto rivolgermi a lei?»

Anche quel giorno se ne andò senza salutare.

Guardai fuori dalla finestra. Hari si stava ancora dondolando sull'altalena.

«Il crimine perfetto non esiste.»

Non lo dissi a quella ragazzina, ma a me stessa.

Gli esseri umani non sono perfetti, pertanto non possono commettere crimini perfetti. Si lasciano sempre dietro un indizio, è inevitabile. Inoltre, i casi di omicidio non possono andare in prescrizione finché l'assassino non viene catturato.

7

Il Carro

BECCAI PROPRIO L'ORA DI PUNTA. La metro era già piena, quindi decisi di prendere la successiva e tornai a Nonhyeon-dong. Era l'ora in cui il quartiere a luci rosse, morto durante il giorno, ricominciava a prendere vita.

Seduta sul divano di Arcana, spalmai la crema di formaggio sul pane. Poi rimisi nel mazzo le tre carte che avevo pescato e lo mischiai. E poi ancora, cambiando verso.

Iniziavo a capire di che tipo di crimine si trattava. Camilla mi aveva rimproverata, ma sentire la storia di Madam Yang aveva rafforzato le mie ipotesi, ora molto più salde del film che mi ero fatta in precedenza.

Due di Spade.

Madam Yang aveva iniziato a sentirsi combattuta mentre cercava sua figlia, che era stata costretta a mandare in un orfanotrofio. Il compagno con il quale conviveva si opponeva con fermezza all'adozione di sua figlia. Allo stesso tempo pensava proprio a lei, ancora minorenne, e al suo futuro, e allora sentiva di volersela riprendere al più presto.

Sei di Spade.

Alla fine, aveva scelto la figlia e si era imbarcata su quella barchetta alla ricerca di una vita diversa da quella vissuta fino a quel momento. Sarebbero arrivate onde e tempeste, ma finché avesse avuto un abile traghettatore, ovvero l'avvocato, non ci sarebbe stato alcun problema.

Otto di Spade.

Tuttavia, il suo corpo era stato immobilizzato, con le mani legate e gli occhi bendati.

A guardar bene la donna al centro dell'Otto di Spade, nonostante non abbia nessuno attorno a osservarla e i piedi liberi, non scappa. Perché? I piedi non erano stati legati. Il mio sguardo continuava a indugiare sui piedi nudi della donna.

Perché non sei riuscita a scappare?

Aspettavi qualcuno, vero?

Potevi scappare da sola, con i tuoi stessi piedi.

«Ma certo, i piedi!»

Mi tornarono in mente le impronte dell'assassino. Riaprii frettolosamente i documenti del caso, concentrandomi sulle foto delle orme delle scarpe.

Il ladro si era introdotto in casa dalla finestra, mettendo il piede sulla cassettiera posizionata proprio sotto il davanzale. Ma la direzione delle impronte lasciate dal colpevole aveva qualcosa di strano.

«Trovato!»

Non ci pensai due volte e telefonai a Yoohan.

«Sono io. Possiamo vederci ora?»

E mi diressi in commissariato.

Mi ritrovai di nuovo in sala interrogatori, seduta di fronte a Yoohan, che aveva un'espressione acida.

«Madam Yang è stata uccisa dal compagno.»

«Ma che fai? Chi ti ha dato il permesso di indagare?»

«Sapete dove si trova lui adesso?»

«Credi di essere ancora un'agente di polizia?»

«Non sono una poliziotta, ma una cittadina. Una che passava di qui e che è venuta a fornire informazioni sul caso. Ascoltami. Qui si ipotizza che il colpevole sia passato dalla finestra del terzo piano, ma...»

Mentre spiegavo gli avvicinai il cellulare e ingrandii le foto del file del caso che avevo scattato. Non mi ascoltava neanche, era furioso. Mi chiese dove avevo preso quei documenti.

«Non ti serve saperlo, guarda qua. Questo edificio non ha balconi, e sopra al terzo piano non c'è il tetto ma il quarto piano, con un altro appartamento familiare. È difficile introdursi dalla finestra del terzo piano senza calare una fune, così come scalare il muro esterno in pieno giorno, visto che è un condominio multifamiliare. Quindi, il colpevole non è passato dalla finestra.»

«Smettila!» urlò Yoohan. «Credi che non lo avessimo preso in considerazione?»

«Ah, ve n'eravate accorti?»

«Per quanto tu possa sottovalutare la polizia sudcoreana, c'è un limite a tutto.»

Meno male Mi uscì una risatina.

«Lo sapevate, quindi. Te l'ho detto perché magari non l'avevate capito.»

«Mi stai prendendo in giro?»

«E la direzione delle impronte, allora? Sono orientate verso la finestra, come se fosse entrato dalla porta principale.»

«Qualunque ispettore al mondo l'avrebbe capito, guardando le foto» ribatté lui.

«E il fatto che questo qui sia un tentativo di copertura?» gli chiesi mostrandogli l'impronta numero uno, proprio di fronte alla porta d'ingresso.

«Se è entrato dalla porta, come poteva avere sotto le scarpe la cipria, che si trova all'interno della stanza principale?»

Ci fu una pausa. Era un dettaglio che era sfuggito anche a lui.

«Sicuramente non vorrai darmi ragione, ma le impronte incipriate dell'intruso vanno tutte dall'interno della stanza verso la finestra, compresa la prima. È stato fatto di proposito per farci credere che il ladro sia entrato dalla porta principale, abbia rubato degli oggetti e infine sia scappato dalla finestra, ma non è stato così. Il problema è che la cipria è sparsa solo all'interno della camera principale. Il colpevole ha messo sottosopra gli oggetti per fabbricare la scena del crimine come se fosse stato il ladro, ma per sbaglio ha fatto cadere la cipria. E ci è passato sopra. Potrebbe averne ancora adesso tracce sulle scarpe, per quanto ne so gli uomini non fanno caso ai trucchi.»

«Quindi?» chiese Yoohan, con tono distaccato e incrociando le braccia.

«Come poteva avere le scarpe sporche di cipria già dall'ingresso?»

Dopo queste mie parole, osservò nuovamente le impronte. Approfittai del momento e iniziai a raccontare la mia versione, il film che mi ero fatta.

«In teoria sarebbe scappato dal terzo piano, giusto? Si è lanciato senza nessuna attrezzatura? Non ha senso. Guarda, l'appartamento è estremamente minimalista, quindi non c'era neanche nulla da rubare. Fosse stato un ladro, gli sarebbe già sembrato ingiusto andarsene a mani vuote, addirittura mettersi a rischiare la vita lanciandosi di sotto dal terzo piano... Per i ladri rubare è come andare a fare shopping. Una delle prime cose di cui si accertano è di avere una via di fuga. Questa persona non è un ladro, sta facendo finta di esserlo.»

«Tu dici che il colpevole ha lasciato le impronte di proposito.»

«Guardale. Non hanno segni di usura, sono scarpe nuove, preparate apposta per quel giorno. La cipria è stato un imprevisto al quale non aveva pensato. Il colpevole è entrato e uscito dalla porta della stanza.»

Yoohan annuì. Era un ragionamento col quale non poteva che essere d'accordo.

«E qui casca l'asino. Il colpevole ha finto di essere un ladro, ma perché?» Era una domanda retorica, l'avevo fatta per creare atmosfera. «Perché il colpevole...» stavo per continuare.

«Zitta!» Yoohan tutto a un tratto urlò, interrompendo ciò che stavo per dire. «Non ti azzardare a dirlo prima che io lo indovini.»

Era molto sicuro di sé. Nel periodo in cui avevamo divorziato lui era un ispettore sbadato, alle prime armi. Era stato un periodo difficile, diceva che quel lavoro non faceva per lui. Tuttavia, a giudicare dalla promozione di poco tempo prima a caposquadra, doveva essere migliorato parecchio. Aggrottò le sopracciglia e sprofondò nei suoi pensieri.

Magari quel caso non era importante per lui. È difficile risolvere le centinaia di casi che arrivano ogni giorno con un numero limitato di agenti disponibili, lo sapevo anch'io. Nonostante ciò, non lo comprendevo. Bisogna essere dalla parte dei famigliari della vittima per capire che al mondo non esiste l'uguaglianza. A volte quell'unica cosa che si perde potrebbe essere tutto ciò che si ha. Perciò sin dal principio non c'è uguaglianza.

«Ti do un indizio?»

Rifiutò il mio suggerimento e continuò a concentrarsi, gli indici premuti sulle tempie. «Ah! Sensi di colpa?!»

«Bingo!»

Dopo aver raggiunto l'obiettivo del loro crimine, i colpevoli scappano via velocemente. Anche nel caso di un reato involontario, la fuga è una prassi. Tuttavia, colui che aveva ucciso Madam Yang si era messo a sistemare con estrema cura la scena del crimine, nonostante avesse poco tempo per fuggire. Se l'obiettivo fosse stato l'omicidio gli sarebbe bastato scappare subito dopo, invece aveva preparato ben benino la scena del crimine per camuffarlo. Aveva perso tempo lì.

«Questo stronzo era in conflitto con se stesso, sapeva di dover mascherare l'accaduto alla perfezione.»

«E questo da chi l'hai saputo, invece?»

Non potevo dire Camilla, né tantomeno quella ragazzina, Kang Hari.

«I tarocchi.»

«E ti aspetti che ci creda? Non so chi ti ha chiesto di ficcare il naso in questo caso, ma ora basta, tiratene fuori. E smettila di fare la parte della poliziotta.»

«Sei proprio sveglio, come al solito.»

«Ma se abbiamo divorziato perché dicevi che non lo ero!»

«Sono passati più di cinque anni e ancora te lo ricordi? Non è che non riesci a dimenticarmi, eh?»

«Come potrei dimenticarmi di te? Ti maledirò per tutta la vita.»

Il nostro addio non era stato né affettuoso né romantico. Non c'era stata nessuna frase da telenovela, del tipo "Ti lascio andare perché ti amo" oppure "Ti auguro il meglio". Alle porte del divorzio eravamo occupati ad attaccarci, litigavamo come bestie selvagge. Ci davamo addosso, chiedendoci l'un l'altro chi dei due avesse dato inizio a quell'infelicità, come se scoprirlo ci avrebbe fatto vincere una medaglia d'oro o roba del genere.

«Be', visto che ci siamo, senti come va a finire il film, no?» Gli misi davanti la carta del Sei di Spade. «Madam Yang aveva il volto ricoperto di nastro adesivo, come in questa carta, ed è morta soffocata.»

«Nel tuo gioco alla Sherlock Holmes fai anche il medico legale, ora? Mi sembra che tu non sappia che l'uso del nastro adesivo è tipico nelle rapine che finiscono in omicidio, è il metodo usato dai criminali per sopraffare la vittima.»

Lo ignorai, la parte importante iniziava adesso.

«Se il nastro le fosse stato messo sul volto mentre era

ancora in vita, l'applicazione non sarebbe stata così precisa, sarebbe stato accartocciato e stropicciato. Solitamente il nastro viene utilizzato per immobilizzare la vittima, come ben sai. Prima il nastro, poi il soffocamento. Così è come vanno le cose, tipicamente. Ma qui l'assassino prima ha ucciso la vittima, quindi che motivo c'era di usare il nastro? Nessuno. Proprio questa è la sua copertura. Poi, le mani. Anche in questo caso, il colpevole lega le mani alla vittima per immobilizzarla. Non dovrebbe quindi legargliele dietro la schiena, *signor ispettore*?»

Se le mani vengono legate davanti, la vittima potrebbe afferrare un'arma oppure fuggire con facilità. È invece estremamente più difficile fuggire con le mani legate dietro la schiena.

Gli occhi di Yoohan guizzavano dalla carta alla foto di Madam Yang. Aggrottò le sopracciglia mentre giocherellava con i capelli.

«Quindi dici che è stato il compagno basandoti su questo?»

«Fino a qui ero indecisa anch'io. Poi ho iniziato a mettere in dubbio la chiamata al 112.»

«Fare la segnalazione al 112 è normale, però.»

«Mettiamo che tu torni dal lavoro e mi trovi in questo stato, cosa faresti?»

«Chiamerei il 112 o... il 119.»

«È per questo che non andiamo d'accordo.»

«Hai un'alternativa? Cosa avresti fatto tu se avessi trovato me in quello stato?»

«Avrei strappato via il nastro, ovviamente. E avrei provato a rianimarti. Avrei fatto pressione con tutta la forza possibile, e non avrei smesso, neanche mentre chiamavo un'ambulanza. Anche nel caso in cui tu fossi stato già morto, avrei continuato comunque, per salvarti. Perché saresti stata la mia famiglia.»

Dalle labbra gli sfuggì un lamento sommesso.

«Quest'uomo non sapeva neanche se la compagna fosse viva o morta, ma per prima cosa ha chiamato la polizia. Come uno che stava aspettando che morisse. Guarda, non ci sono segni che abbia provato a staccare il nastro. Inoltre, come si legge nella trascrizione della chiamata alla polizia, lui dice che lei è già morta. Non ha nemmeno provato a togliere lo scotch, come faceva a saperlo?»

Capita alle volte che i colpevoli si dimentichino dei comportamenti naturali che qualunque essere umano dovrebbe avere. Se ignori il buon senso, sei fregato.

«Ora posso andare, commissario?»

Si alzò subito dopo di me.

«Ma certo, sarà sicuramente molto impegnata, vada pure. La ringrazio per il suo prezioso contributo. Mi auguro che possano essercene altri in futuro.» Afferrò la maniglia della porta, la aprì e mi fissò.

Avevo indossato scarpe con il tacco, quindi i nostri sguardi erano alla stessa altezza. Prima di diventare una maestra di tarocchi indossavo sempre scarpe da ginnastica, quindi ero più bassa di lui. Un odore familiare mi raggiunse. Usava ancora *quel* profumo, quindi. Quello che gli avevo regalato io.

Iniziai a sentire addosso le occhiate degli altri ispettori, quindi gli feci un cenno di saluto e uscii frettolosamente dalla stanza.

Inserii una moneta nella macchinetta del caffè, nell'area relax al piano terra. Nella sala interrogatori mi ero agitata, avevo bisogno di caffeina. A dirla tutta, volevo anche restare un altro po' lì, nella lounge al fresco, visto che non ero ancora riuscita a riparare l'aria condizionata a casa. Schiacciai il tasto del caffellatte e poco dopo l'intera stanza si riempì dell'aroma di caffè.

Avevo appena tirato fuori il bicchiere dalla macchinetta quando sentii qualcuno litigare nel parcheggio. Due sospettati, un uomo e una donna, erano stati arrestati e ora stavano opponendo resistenza agli agenti, mentre si riempivano di insulti.

«Che rapporto particolare.»

A giudicare dalla conversazione, pareva che i due fossero coinvolti in un giro di prostituzione illegale. La donna, proprietaria di un bordello, stava imprecando contro l'uomo, accusandolo di averle rubato dei soldi, al che l'uomo non riuscendo a trattenersi aveva iniziato a picchiarla, scatenando il caos. Vedevo attraverso la finestra la donna che, tutt'altro che sconfitta, continuava a resistergli. Sembrava surreale vedere una lite così violenta tra un ragazzo e una ragazza così belli.

«Non credo ci sia vista peggiore di questa.»

«Vero? Vale la pena godersela però, no?»

Udii una voce familiare, era Seonghoon. Aveva gli occhi rossi, forse perché si era addormentato nella guardiola. Indossava una tuta e un paio di sandali.

«Vedo che le cose non sono cambiate, vivi ancora lì dentro.»

«A te non manca, Seoran? Non ti manca quel periodo della tua vita in cui dormivi in commissariato, allungando comodamente i piedi come fossi a casa tua? Ti sfido a dirmi un solo posto in tutta la Corea che sia una casa più sicura di questa.»

«Caffè?»

«Prendo il mio fidatissimo tè allo *yulmu*, grazie.»

Lo selezionai e glielo passai. Mentre beveva mi osservava. «Yoohan non ti ha chiesto nulla?»

«Non gli ho detto che sei stato tu.»

«Anche se non glielo dici, chi altro avrebbe potuto passarti quei documenti se non io?»

«Grazie. Ti sarò ancora più grata se prenderete il colpevole.»

«Lascia fare a noi. Tua sorella?»

«Ancora niente.»

«Quella disgraziata ha deciso di farla lunga questa partita a nascondino con te. Chi cerca chi?»

La domanda mi colpì in pieno petto. Ora ero io a cercare lei, ma ero stata la prima a cominciare questo gioco, la prima ad andare via di casa, la prima a interrompere i contatti. Quindi era stata Seohee a cercarmi per prima. Chissà che non lo stia ancora facendo.

8

La Forza

IL PICCHIETTIO DELLE PESANTI GOCCE di pioggia sulla finestra mi svegliò. Il pavimento di cemento, pregno di umidità, emetteva un odore stantio. Faceva freschetto, dopo tanto tempo, il che mi mise di buonumore.

Per qualche giorno non avevo appuntamenti con le ragazze, quindi sarei potuta andare a dormire tardi. Ma le abitudini fanno paura, da sempre. Per quanto ci provassi, mi addormentavo alle prime luci del mattino e mi alzavo quando il sole di mezzogiorno era già alto.

Andai a sedermi sul divano, munita di caffè e biscotti di segale. Poi, come facevo di solito, mischiai il mazzo di tarocchi e pescai una carta. Quella era la carta del giorno: prevedeva cosa sarebbe successo, a cosa avrei dovuto fare attenzione e quali incontri inaspettati avrei fatto.

Capitava anche che mi desse qualche indizio su cosa avrei mangiato a pranzo. A volte era spaventosamente precisa, altre totalmente priva di senso. Talvolta dava delle indicazioni su eventi che sarebbero avvenuti nei giorni seguenti.

Quell'unica carta mi spingeva a cercare il senso di ogni giornata, che sarebbe altrimenti passata senza lasciare traccia. Riuscivo a darci un senso solo prima di andare a dormire.

La carta di quel giorno era la carta numero Otto degli Arcani Maggiori, la Forza.

Una donna dal sorriso benevolo, vestita di bianco e con una corona di fiori in testa, accarezza la chioma di un leone con entrambe le mani. Nonostante la sua indole feroce, il leone tiene la coda bassa, è mansueto come un gatto d'appartamento. Comunemente chiamata la carta de "la bella e la bestia", rappresenta la natura razionale e selvaggia dentro ognuno di noi.

Quelle volte in cui l'ho pescata come carta del giorno ha rivelato di avere significati banali, tipo prevedere la mia sorpresa dopo aver incontrato un gatto randagio, un appuntamento dal dentista che mi diceva "Apra bene" oppure l'acquisto di un nastro di forma simile a quella dell'infinito.

Diedi un morso al biscotto mentre osservavo la carta. Avevo da fare quel giorno, quindi mi preparai per uscire senza neanche finire il caffè.

«Lei è la famosa Madam Tarot, o sbaglio?»

«Non prendermi in giro. È da tanto che non ci vediamo, eh?»

Come suo solito, Sookyeong allargò le braccia e mi strinse in un abbraccio. Tenere la mano, dare dei colpetti sulla schiena e abbracciare erano parte del suo modo di fare. Prima li rifiutavo, ma quando ero stata male per la storia di Seohee, Sookyeong mi era mancata.

«Com'è tornare in commissariato? Ti viene voglia di rimetterti a lavorare, no?»

«Per niente. I commissariati qui a Gangnam trasudano ricchezza da ogni angolo. Bevi addirittura il caffè in capsule, non quello solubile in bustine.»

«Le ho vinte come premio, okay? Vuoi un espresso?»

«Perché no.»

«Visto che fa caldo, ti va un affogato al caffè?»

«Cos'è tutta questa classe? Non che non mi vada bene, per carità.»

«Conosco i tuoi gusti, se non è roba di classe non ti accontenti. In freezer ho una coppa di gelato *Together*, quello da ricchi.»

Aprì il congelatore mentre canticchiava la canzone di quella vecchia pubblicità. Io, invece, mi accomodai sul divano e mi guardai intorno. Era un luogo speciale per me, era stato il mio primo posto di lavoro, ed era anche grazie a quel commissariato che trasferirmi nel quartiere di Nonhyeon-dong era stato un po' come tornare a casa. Avrei voluto andarci prima, ma per via del caso di Madam Yang non avevo potuto.

«Potevi avvisarmi che saresti venuta, anche ieri. Mi sarei liberata per l'ora di cena» disse Sookyeong imbronciata, mentre posava le due tazze di affogato al caffè sul tavolo.

«Macché avvisare, tanto se ti avessero chiamato per un'emergenza non ci saremmo viste. È il destino di tutti i poliziotti.»

«È per colpa di quel destino che non riesco a sposarmi, te l'ho detto. Chissà che mi tocchi lavorare anche il giorno del matrimonio.»

«È un'ossessione.»

«Me lo sogno la notte. Io, tutta vestita di bianco, prendo sottobraccio mio marito... che è un ricercato. Le manette, le manette! Nel sogno le cerco, ma...»

«Non le trovi.»

«Esatto!»

«E il ricercato scappa.»

«Bingo! Sai quando faccio questo sogno?»

«Quando ti occupi di qualche omicidio?»

«No, poco prima della promozione. Quanto è stressante per arrivare a sognare una roba del genere?» Sookyeong era una chiacchierona.

«Anche quella è una specie di deformazione professionale. Nessun poliziotto in Corea è migliore di te, no?»

«Come fai a saperlo? È un segreto di Stato!» Rise mentre mangiava una cucchiaiata di gelato. «Se mi sposo, prendi tu il bouquet?»

«Ma sono cose da chiedere a una donna divorziata? Prima del divorzio ho anche partecipato a un'indagine su una frode matrimoniale. Ai miei occhi, gli uomini sono tutti dei criminali. Questa sì che è una deformazione professionale, non riesco a fidarmi delle persone.»

«In effetti. Hai subìto solo traumi prima di arrivare al divorzio. A nome della polizia, ti porgo il mio più sentito sostegno» mi prese in giro.

«Sookyeong, hai visto Nabi di recente? Non la vedo da un po'...»

Nabi è una ragazza di diciott'anni scappata di casa. Si fa chiamare Nabi, cioè "farfalla", perché ha tatuaggi di quest'insetto in molti punti del corpo: sulla nuca, sulle braccia, sul dorso della mano e così via. Quando ero stata assegnata a quel commissariato, Nabi era una bambina delle elementari che era scappata di casa. Si spostava ovunque, dal fiume Han al quartiere di Yeongdeungpo, da Hongdae a Itaewon. Qualche mese prima l'avevo incontrata in un locale a luci rosse di Ilsan, e lei era più scioccata di me. Quando ero tornata a cercarla il giorno dopo se n'era già andata. Avevo ricominciato a tenere d'occhio i suoi movimenti da quando mi ero trasferita a Nonhyeon-dong. Mi sentivo la morte nel cuore a sapere che era sparita dopo avermi visto a Ilsan. Dato che non ero più una poliziotta, mi sarei voluta avvicinare a lei come una conoscente qualunque, ma Nabi non era dello stesso avviso.

«È da tantissimo che non la vedo.»

«Sarà entrata in una comunità per minori?»

«Per non farci preoccupare? È grande, adesso, non credo proprio sia andata lì.»

«Ha appena diciotto anni. È una ragazzina.»

«Questo lo pensi tu. Lei crederà di essere un'adulta, di poter vivere da sola.»

Era vero. Mi sbagliavo.

«Qualcuno mi ha detto di averla vista a Gangnam qualche giorno fa. Sono venuta qui a dirtelo, pensando che magari ne sapessi qualcosa.»

«Anche se fosse entrata in comunità, ne sarà già uscita. Ho sentito che la volta scorsa i genitori sono venuti a cercarla.»

«Dopo tutto questo tempo?»

«Mi chiedo cosa la cerchino a fare adesso.»

«Sai anche tu com'è messa quella famiglia.»

«Certo che lo so. Quei due di genitori hanno solo il nome, hanno fatto finta di cercarla un paio di volte e poi basta. Emigrano all'estero, hanno detto. Credo abbiano già lasciato il Paese.»

Sookyeong fece schioccare la lingua. Lavorando come poliziotta, aveva visto tantissimi ragazzi che vivevano in case infernali.

«Si diceva che fosse stata presa da un'agenzia d'intrattenimento e che poi avesse lasciato, c'erano voci su un suo coinvolgimento con il mondo della prostituzione. I genitori l'hanno abbandonata, chi vuoi che se la prenda? Nessuno è come i genitori.»

«Non è sempre così.»

Ci sono anche dei genitori come mio padre.

Mi venne in mente il giorno in cui incontrai Nabi per la prima volta.

Mentre ero in ricognizione notai un uomo ubriaco che la strattonava bruscamente come per trascinarla da qualche parte. Quando mi avvicinai a loro, Nabi si fece avanti e mi disse che si conoscevano e di andarmene. A giudicare dall'apparenza sembrava essere scappata di casa, ma non c'era nessuna denuncia. In casi del genere non c'è niente che la polizia possa fare.

Quando la rincontrai, dormiva per strada. Mentre mangiavamo un piatto pronto e un ramen istantaneo del minimarket le lasciai il mio numero e le dissi che, se avesse avuto bisogno, avrebbe potuto contattarmi in qualsiasi momento.

Per tagliare tutti i ponti con la famiglia, Nabi non aveva nemmeno un cellulare. Se aveva bisogno di chiamarmi, usava una cabina telefonica vicino a dove si trovava o il cellulare di un amico. Mi chiamò anche dopo che lasciai il lavoro in polizia. Ho avuto sue notizie fino a due anni fa, ma ora niente più.

Nabi era una ragazza che si era chiusa a riccio con gli adulti, diffidente persino verso i suoi genitori. Anche il suicidio della sorella, depressa a causa della media scolastica, aveva giocato un ruolo all'interno di quel processo. L'abuso emotivo dei genitori nei suoi confronti era iniziato proprio dopo la morte della sorella.

"Saresti dovuta morire tu al posto suo."

Pur essendo anche lei loro figlia, doveva subire il risentimento dei genitori per essere sopravvissuta alla sorella. Quest'ultima aveva un contratto con un'agenzia di intrattenimento ed era prossima al debutto come idol. I suoi genitori l'avevano cresciuta investendo tutti i loro averi su di lei, fino a indebitarsi. Convinti che una volta raggiunto il successo sarebbero stati sommersi di soldi, erano più furiosi all'idea di averli persi che per la morte della figlia. Quindi avevano detto a Nabi di diventare un'idol al posto suo, solo che lei non aveva proprio la stoffa giusta per dominare il palco ballando e cantando.

Mi disse che voleva diventare una fashion designer, ma che i suoi genitori le avevano strappato ripetutamente gli schizzi che aveva disegnato con cura per giorni, settimane, mesi.

Era scappata di casa perché non ce la faceva più. Piuttosto che continuare a sopportare la violenza cieca del padre, si sentiva più sicura a dormire per strada, aveva detto sorridendo.

"Belli, vero?" Sorrise radiosa mentre mi mostrava le farfalle tatuate sul corpo. Fu lì che vidi per la prima volta l'ombra scura di terrore che si celava dietro il suo sorriso. Mi disse che i tatuaggi erano stati una scelta forzata per nascondere le cicatrici, risultato delle violenze che aveva subito.

"Sono belli, sì. Sei bella con, e sei bella senza."

"Seh, bugiarda. Una come me non ha niente di bello." Faceva i capricci come una sorellina immatura, e rideva. Proprio come Seohee.

Conoscevo la sua situazione nei minimi dettagli, quindi non le dissi mai di tornare a casa. Mi sembrava così felice di vivere quella vita per strada, senza riuscire a lavarsi o a mangiare come si deve.

"Sto lavorando per guadagnare qualcosa e togliermi dalla strada. È un negozio di vestiti, la proprietaria è molto generosa, mi offre da mangiare ogni giorno, mi dà degli extra. Non appena avrò messo da parte i soldi, mi iscriverò a un'accademia di moda. E tu sarai la prima a cui disegnerò dei vestiti, Seoran."

"Promesso? Me lo prometti?"

Quella era stata l'ultima volta in cui c'eravamo viste,

prima che la incontrassi mentre lavorava come *agasshi* a Ilsan. Sentivo che era andata a nascondersi in un posto ancora più inaccessibile.

A sentire la storia di Nabi, il volto di Sookyeong si rabbuiò.

«So che la probabilità di essere esposti alla criminalità è molto più alta per i ragazzi senza famiglia e che hanno lasciato la scuola, ma allo stesso tempo anche questi ambienti possono trasformarsi in nidi di violenza. Non è facile, eh?»

Annuì mentre mischiavo il gelato alla vaniglia.

«Notizie di Seohee?»

«Macché.»

«Come macché, ho sentito che ci sono novità.»

«Eh?»

«Mi ha chiamata Yoohan, aveva avuto notizie su Seohee ed era talmente scioccato che mi ha telefonato all'alba. Mi ha detto che c'era una vittima, che fosse quella vera o meno.»

«Meno male che era un segreto. È davvero inaffidabile. E lui è lo stesso che aveva proposto di tenere segreto il divorzio per un po', per poi ubriacarsi e chiamarti in lacrime.»

«Meno male che ha chiamato me, miss Segretezza Yoon Sookyeong.»

«Devo riconoscere che sai tenere i segreti. Sei l'unica a sapere del mio ex fidanzato, dopotutto.»

«Ti sembra il momento di scherzare? Immagino tu sia rimasta scioccata quando hai saputo che era morta. Non mi piacciono le situazioni di *mors tua, vita mea* ma purtroppo... la vita è così.»

Poco dopo Sookyeong aveva un giro di ricognizione da fare, quindi ci salutammo con la promessa che ci saremmo riviste.

Non ero riuscita ad avere nessuna informazione su Nabi, alla fine. Potevo anche ignorare la cosa, sai quanti legami nella vita arrivano e se ne vanno? Potevo lasciar perdere, sì, ma non potevo levarmi dalla testa l'ultimo indecifrabile sguardo che mi aveva lanciato quella ragazzina, non riuscivo a togliermelo dalla testa.

Era una richiesta d'aiuto?
Mi stava chiedendo di fingere di non conoscerla?

Aspettai il tramonto seduta su una panchina vicino al fiume Han, dove sull'acqua increspata si rifletteva il rosso del cielo. Dopo poco arrivò l'oscurità, e il riflesso rosso lasciò il posto a quello dei lampioni. Le onde che si riversavano ritmicamente sulla banchina sembravano i lunghi capelli di una donna. Se Camilla e Madam Yang si fossero lanciate in quel fiume, sarebbero diventate dei fantasmi delle acque.

Squillò il telefono, era Seonghoon.

«Pronto?»

«L'abbiamo preso! Abbiamo preso quello stronzo!»

L'assassino di Madam Yang era il compagno, come previsto.

Fui la prima a cui lo disse, e mi chiese di non diffondere la notizia, come se fossi una giornalista o che so io.

«Come è successo?»

«Fattelo dire direttamente da Yoohan» disse. Macché,

non me l'avrebbe mai detto, mi toccava aspettare l'uscita della notizia sui giornali, come tutti gli altri.

Seonghoon riattaccò, dicendomi che aveva un'altra chiamata in attesa. Sia lui che Yoohan avrebbero fatto gli straordinari quel giorno: ricordavo chiaramente cosa succedeva in commissariato quando si catturava un criminale.

La calma non durò a lungo.

Ritornare nel quartiere a luci rosse mi fece sentire piena di energie. Iniziai a notare delle ragazze, indossavano dei vestiti comodi e così semplici che era difficile capire se fossero abiti adatti per l'esterno o biancheria intima. Non erano tanto diversi da quelli indossati dalle celebrità che si vedevano in tv, in realtà. Magari ero io a sembrare troppo puritana nel voler abbottonare tutti i bottoni. L'aria notturna era umida e afosa, forse perché avrebbe ricominciato a piovere.

Vagavo senza meta, aggirandomi nelle vicinanze dei club intorno ai quali orbitavano in gruppi i ragazzi scappati di casa. Non fu difficile individuare quello in cui bazzicava Nabi: cinque, tra ragazzi e ragazze, si divertivano di fronte a una fontana. Tra loro, un ragazzo con i capelli rossi mi riconobbe.

«Signora poliziotta?»

Sapevano che non ero più in polizia, ma mi chiamavano comunque così.

«Sei cresciuto tanto dall'ultima volta, eh?»

«Dici?» Si alzò sulle punte dei piedi e rise.

Esiste un pregiudizio per cui i teppistelli sono individui violenti, ma in realtà si comportano bene con gli adulti che li capiscono e che fanno loro dei favori. Probabilmente è una farsa, ma fanno esattamente come tutti gli altri. Se li tratti bene, ti trattano bene.

«Avete visto Nabi di recente?»

I cinque si lanciarono delle occhiate furtive come se fossero d'accordo, e scossero la testa.

«No.»

«Non so dove sia.»

«Quand'è che l'ho vista l'ultima volta...»

Così come una mamma riconosce immediatamente le bugie dei propri figli, per un adulto capire quando un ragazzino sta mentendo è un gioco da ragazzi.

«Quindi lo sapete.»

Lo capivo, però. Per quanto io mi mostrassi dalla loro parte, se tra loro c'era un accordo si coalizzavano in nome della fedeltà l'uno all'altro, perché erano in quel periodo della vita in cui i rapporti funzionano così.

«Non ne abbiamo proprio idea.» Ridacchiarono tra loro, volevano fregarmi.

Mi tornò in mente la carta del giorno, la Forza. Se volevo domare cinque giovani leoni, *quello* era l'unico modo. «Che ne dite se vi leggo i tarocchi?»

I loro occhi si illuminarono.

9

L'Eremita

NON C'ERANO MAI STATI così tanti clienti dentro Arcana. I ragazzi avevano detto di voler mangiare zampe di maiale, pizza e *tteokbokki,* quindi li ordinai e poi iniziai con le letture dei tarocchi.

«C'è questo ragazzo che mi piace, no?» A parlare era una ragazza con gli occhi gonfi, reduce da un'operazione chirurgica per ingrandirli. «Mi chiede di andare a vivere insieme, di continuo.»

«Di convivere?»

«Sì» rispose timidamente.

A giudicare dall'atteggiamento degli altri, sapevano chi era il tipo. Mi sommersero con una serie di informazioni su di lui: era un'aspirante celebrità, lavorava come PR per una discoteca e faceva un sacco di soldi, conosceva molti poliziotti e così via. Prestai attenzione a tutto ciò che dicevano e nel mentre mischiavo le carte.

«Una sola. Pesca la carta che ti attira di più.»

Utilizzai lo schema a una carta, chiamato anche sistema a un oracolo. È semplice, chiaro e intuitivo, ma la parte più difficile è pescare solo una carta. Quando se ne deve pescare più di una, la maggior parte delle persone si mostra più cauta. Dopo averci pensato per un po', la ragazza scelse una carta.

La voltai per scoprire che era la Torre.

Un fulmine si scaglia su una torre altissima, simile a quella della fiaba di Raperonzolo. Con la torre in fiamme, tutte le persone al suo interno fuggono.

«È la carta della Torre...» iniziai a spiegare con cautela, ma le parole non mi venivano. Doveva uscire proprio quella?

«È una brutta carta, vero?» La ragazza mi fissò. L'illustrazione sulla carta della Torre turba anche chi non conosce i tarocchi.

«Uhm...» Cercai di scegliere le parole giuste. Mi giravano in testa tutte le chiacchiere che mi avevano sommersa poco prima a proposito di quel ragazzo. Quello che mi avevano detto, così come la carta, non lasciava presagire nulla di buono.

«Non possiamo stare insieme io e lui?» La voce della ragazza era piena di delusione.

Alle volte capita che i tarocchi siano talmente espliciti che non serve che il cartomante li spieghi, proprio come in quel caso.

«Non è che non potete stare insieme. Le cose potrebbero cambiare all'improvviso, come un fulmine a ciel sereno. Potete iniziare a convivere, oppure puoi andare a casa sua e potete vivere come se foste sposati, anche se non c'è tanta differenza tra le due cose. Ma ci sarà un cambiamento repentino, sicuramente. Potrebbe essere la fine del rapporto a essere inaspettata, potresti rimanere incinta o fare un incidente.»

«Non finirà bene, quindi.»

«Se la pensi così, succederà qualcosa. La carta della Torre ha un'energia molto, molto forte.»

Ovviamente, anche se fosse uscita una carta positiva ero determinata a consigliarle di non andare a convivere. In fondo, un tipo che sognava di diventare una celebrità e ora faceva il PR per una discoteca poteva dirsi uno dedito alla famiglia? Il fatto che avesse molte conoscenze in polizia poteva indicare che era una persona che si era cacciata in parecchi guai.

«Bene, ora tocca a me fare una domanda.» Mentre sistemavo le carte, mi rivolsi a tutti loro. «Che cosa è successo a Nabi?»

Afferrai il mazzo e mischiai. Presi la carta in cima e la posai per terra.

Era la carta del Giudizio.

Vi sono rappresentate alcune persone che, in piedi nelle tombe e con entrambe le mani al cielo, venerano un angelo.

I cinque ridacchiarono alla vista delle persone nude.

È una carta con un profondo legame con il passato che indica "un morto che risorge". Richiamare a sé qualcosa che è già sparito o che si è perso... Poteva essere quello il senso? Oppure era un invito a una rinascita, a intraprendere una nuova sfida. In una giornata come quella, il significato di "notizia" che assume la tromba è cruciale.

Ogni carta dei tarocchi contiene vari simboli. Le letture devono essere fatte focalizzandosi sulla situazione oppure sul primo simbolo che salta all'occhio.

Quel giorno, però, avevo finto di mischiare le carte e avevo messo in cima la carta del Giudizio di proposito.

Era una trappola per ottenere delle informazioni, e ovviamente nessuno se n'era accorto.

Da lì in poi arrivava la parte importante. Dovevo parlare in modo sicuro e deciso, come una sciamana posseduta, come se riuscissi a penetrare nei loro pensieri.

«Nabi è sparita dopo essere stata contattata da qualcuno, ha colto un'ottima occasione» dissi decisa, tenendo gli occhi puntati su di loro. Uno evitava il mio sguardo, un altro scrollava le spalle con l'espressione da non-ne-so-niente.

Incrociai lo sguardo del terzo.

«Wow, incredibile!»

Beccati.

«Come faceva a saperlo?»

Me l'hai detto tu.

I primi a tendere la mano ai ragazzini scappati di casa sono gli adulti cattivi, non quelli buoni. "Ti trovo una sistemazione", "Ti do un po' di soldi", "Ho un buon lavoretto per te", "Vieni con me"; ci sono una marea di trappole in agguato.

«Dove si trova Nabi?»

«In un minimarket.»

Non era un posto illegale, quindi mi rassicurai.

«Meno male.»

«Vero? È proprio comodo.»

«La pagano bene e può dormire lì.»

«È un minimarket che offre vitto e alloggio, ma volevano solo femmine e quindi noi ragazzi non ci siamo potuti andare.» Nelle loro voci si sentiva la delusione e l'invidia per il fatto che la loro amica avesse trovato un lavoro.

Sentii il mio cuore sprofondare. Poteva esserci qualche

minimarket che offriva vitto e alloggio nelle aree di servizio o nelle zone turistiche rurali. È inevitabile, se è un luogo poco accessibile, dove i mezzi funzionano male. Ma questo vale nel caso degli adulti. Ma se parliamo di minorenni, è possibile che dietro l'offerta di lavoro, con vitto e alloggio e senza la richiesta di autorizzazione dei genitori, ci sia qualcosa di losco. Mi si accese un campanello d'allarme in testa.

«Dov'è questo posto?»

Non avevo tempo.

La ragazzina con gli occhi gonfi tirò fuori il cellulare e trovò il contatto.

«Qui. Anch'io ho fatto il colloquio, ma non l'ho passato.»

«Dove l'hai fatto, il colloquio?»

«Ciascuna di noi aveva una chat privata, l'abbiamo fatto online. Il primo turno l'abbiamo passato solo io e Nabi. Il numero... Un attimo. Era una specie di agenzia per il lavoro.»

Salvai il contatto sul cellulare con le mani che tremavano.

Mi alzai all'alba, dopo aver riposato gli occhi per un po'. Alle nove in punto provai a telefonare all'agenzia del lavoro, ma senza successo.

Come carta del giorno avevo pescato la Torre; a volte può succedere che venga fuori la stessa carta più volte di seguito. È una specie di avvertimento: se lo stesso messaggio si ripete, allora c'è da preoccuparsi.

Poco dopo l'ora di pranzo, arrivò una chiamata dall'agenzia del lavoro.

«Agenzia Acchiappalitutti, buongiorno.» Era la voce pacata di un uomo di mezza età.

«Ho sentito che c'è un minimarket che offre anche vitto e alloggio.»

«Studentessa?» Il suo tono di voce si alzava alla fine delle frasi.

«Sì» mentii, con tono calmo. Non è una bugia, mi ripetevo. Era una copertura per salvare una ragazza in pericolo.

«Del liceo?»

«Sì.»

«Allora non va bene, niente studenti.»

In questi casi bisogna avere la risposta pronta.

«Intendo come età, mi sono ritirata da scuola.»

«Sicura?»

Chissà di cosa dovevo essere sicura. Quella singola parola mi diede sui nervi. La voce fastidiosa del mio interlocutore mi faceva venire voglia di riattaccare, ma non potevo fermarmi lì se volevo raggiungere il mio obiettivo.

«Venga lei stesso a controllare, non so. Fa nulla, ci sono tanti altri posti in cui posso andare.» Dovevo fingere di riattaccare.

«No, no, aspetta» rispose immediatamente la voce all'altro capo del telefono. «Per il posto nel minimarket ho già trovato qualcuno. Ti posso proporre qualcos'altro?»

«Ma quello mi piaceva. Quest'altro è meglio?»

«Molto, molto meglio. È un bel lavoretto in casa, ti danno un letto e da mangiare.»

Che spettacolo pietoso da parte di un adulto. Mi morsi il labbro. Dentro ribollivo di rabbia, ma mi ero ripromessa di trattenermi.

«Di che si tratta?»

«Tipo aiutare un po' in casa.»

«Wow, fico. E come dovrei aiutare?» Non sapevo se

i teenager parlavano così. "Aiutare un po' in casa", ero senza parole. Chiedere una cosa del genere a una ragazzina che non sa mettere in ordine nemmeno la propria stanza. C'era decisamente qualcosa di strano.

«Non c'è molto da fare. Tu semplicemente vai lì, fai i tuoi comodi, mangi con loro e dormi.»

Per i giovani, non esiste un buon posto di lavoro che offra anche vitto e alloggio. Sentivo puzza di prostituzione.

«Ti va di fare il colloquio?»

«La paga è di trecento al mese, giusto?»

«Certo, certo, minimo trecento. Non è un posto di lavoro come gli altri, hai chiamato al momento giusto.»

«Lo faccio, il colloquio» risposi con tono deciso. Dopo che mi spiegò dove trovare l'agenzia e cose così, riattaccai. La chiamata era stata registrata e salvata sul mio cellulare.

Avevo saltato il pranzo, ma mi era passata la fame. Non c'è nessun posto al mondo in cui si possano fare soldi facili. Anche per vincere al lotto bisogna comprare i biglietti ogni settimana, investendoci tempo e soldi. Chiunque prometta soldi facili è un truffatore, o un criminale.

L'agenzia Acchiappalitutti si trovava in un centro commerciale fatiscente alle spalle della stazione di Yongsan. Il suono tetro dei miei tacchi era l'unico suono a rimbombare nel corridoio. Arrivai di fronte al numero 201. Sulla porta c'era scritto solo ACCHIAPPALITUTTI. A vederla per caso, si sarebbe potuto scambiarla per una ditta di disinfestazione. Aprii la porta, entrai e vidi il direttore seduto sul divano che si leggeva lo *hwatu*, un sistema di lettura della fortuna coreano.

«Come posso aiutarla?»

«Sono la studentessa che ha chiamato ieri» risposi con fermezza, sedendomi sul lato opposto del divano.

«Studentessa?»

«Sì.»

Mi squadrò dall'alto in basso con un'espressione sprezzante; bastava guardarmi in faccia, o vedere com'ero vestita, per capire che ero ovviamente una donna adulta.

«Lo dicevo io che le carte mi venivano fuori tutte incasinate, che cazzo» sputò fuori il suo disappunto senza mezzi termini. «Non provi a fare la splendida, se ne vada.»

«Dov'è questo minimarket che offre anche vitto e alloggio? E pensare che io mi sforzo tanto per lavorare, quando in giro c'è un posto di lavoro così buono. Che ingiustizia.»

«Nel mondo d'oggi non esiste un posto del genere! Dovresti saperlo, visto che hai anche una certa età, idiota. Smettila di interferire col lavoro degli altri.»

«E tu smettila di interferire con le vite delle ragazze, allora.»

In questi casi, all'illegalità si risponde con l'illegalità. Posai silenziosamente il mio distintivo della polizia sul tavolo, senza dire che ero una poliziotta. Pronunciando quelle parole ad alta voce avrei commesso il reato di sostituzione di persona. Tuttavia, anche solo quello funzionò.

«Ho anche la registrazione della chiamata di ieri.»

Capì subito la situazione e fece un'espressione contrariata. Coprì poi le carte da *hwatu* che stava usando poco prima.

«Signor direttore, glielo chiedo un'altra volta. Dov'è questo minimarket?»

«Non ne ho idea, sono un direttore di facciata, cosa ne so io!» disse con cautela.

«È un po' strano che la persona che ci guadagna delle commissioni non sappia nulla, non crede?»

«Ma che commissioni, roba da pazzi. Non riesco nemmeno a pagarmi l'affitto. È dura tirare avanti ultimamente.»

«Tatuaggi, farfalle.»

A sentire quelle parole, il direttore ammutolì.

«Che c'è? Qualcosa non va?»

La conosceva, c'era cascato.

«Ci ha mandato la ragazzina con i tatuaggi con le farfalle in quel minimarket?»

Fece per rispondere, poi si interruppe per un attimo e ritornò alla sua farsa da innocente. «No, che farfalle e farfalle...»

«Lo sa che il favoreggiamento della prostituzione minorile è un crimine, vero?»

«Prostituzione? Per quanto possa essere in difficoltà, non faccio niente di così indecente. Ho anche una figlia.»

«Una figlia?»

Che faccia tosta. Uno che ha contattato delle minorenni proponendo loro questo o quel posto per dormire che parla di avere una figlia.

«Signor direttore, anche Nabi è la figlia tanto amata di qualcuno, non va bene che lei la mandi in giro. Come si sentirebbe se qualcuno facesse lo stesso con sua figlia?»

A volte spingere sulle emozioni funziona.

Sussultò. Era a disagio, come se volesse dire qualcosa ma si stesse trattenendo, irrequieto, indeciso se parlare o meno. Il suo disagio si percepiva chiaramente.

Nel mentre, con gli occhi indicò qualcosa sotto il tavolo; abbassandomi leggermente, vidi una microspia. Annuii, per dirgli che avevo capito.

Non tutte le agenzie per il lavoro fanno cose illegali, ma in molte i lavori che vengono proposti sono basati su una cosiddetta "fiducia", che nella maggior parte dei casi è una fiducia sporca, legata al denaro, comunque. Era ovvio che ci fosse qualcuno che ci stava sorvegliando, un controllore invisibile.

All'improvviso il direttore distese nuovamente il tappetino sul tavolo e tirò fuori le carte da *hwatu*.

«Sa giocare?»

«Certo, sono brava in tutto ciò che ha a che fare con le carte.»

Avevo iniziato con i tarocchi, poi avevo imparato anche a utilizzare le carte da poker e quelle da *hwatu*. La maestra Maya, che mi aveva insegnato i tarocchi, diceva che le leggi che regolano la sincronicità sono visibili in ogni cosa.

«Facciamoci una partita a *Go-stop*, giacché è venuta. Giochiamoci il prezzo di un pranzo.» Il tono era scherzoso, ma continuava a lanciarmi delle occhiate. Si era creata un'atmosfera nella quale non era ammesso che io rifiutassi la proposta. Inclinai leggermente la testa di lato, e mi sistemai sul divano con aria riluttante.

«Una partita e basta.»

«Solo una e poi vado, okay?»

«Le ho detto di sì.»

Avevo capito che non poteva spiegarmi tutto nel dettaglio per via della microspia, ma chiedermi di giocare a *Go-stop* così all'improvviso mi aveva colta di sorpresa.

«Solo una partita.»

«Okay. Mille won per un punto.»

«Non è un po' tanto?»

«Se facciamo cento a punto, quando ci arriviamo al prezzo di un pranzo?»

Mischiò le carte in modo teatrale. Era chiaro che non era un dilettante, sembrava che avesse il mazzo incollato alle mani. Una volta finito, invece di distribuire le carte le girò verso di sé per osservarle bene.

«Un attimo, un attimo. È da tanto che non gioco, mi sto confondendo. Vediamo se ci sono tutte le coppie, se il mazzo è completo.» Alzò la voce di proposito, consapevole della presenza della microspia. Poi iniziò a mettere le carte sul tavolo a una a una, scegliendole dal mazzo, il tutto mentre continuava a blaterare.

Jolly. Febbraio, mese due. Febbraio, mese due. Marzo, mese tre. Maggio, mese cinque. Agosto, mese otto. Settembre, mese nove.

Posò sul tavolino da caffè dieci carte. Nel mazzo da *hwatu* i disegni rappresentano i dodici mesi dell'anno, che in coreano si indicano con i numeri da uno a dodici. Jolly. Febbraio. Febbraio.

Cos'era il Jolly?

Nei tarocchi è il Matto. E se lo considerassimo come uno zero?

Era un numero di telefono che iniziava per 02. Quella frase mi scappò quasi dalle labbra, mi tappai la bocca con la mano. Lui fece un sorrisino.

«Gioca o no, quindi?» chiese con aria volutamente beffarda, mentre con lo sguardo lanciava occhiate all'uscita. Era un modo per dirmi di andarmene, e in fretta. Mi alzai.

«A dirla tutta, mi mette un po' a disagio. Il gioco d'azzardo è illegale, dopotutto.»

«Che cavolo, poteva dirlo da subito che non le andava, allora.»

Il tono delle sue parole era duro, ma il suo sguardo si era ammorbidito. Mise via il mazzo.

10

La Ruota della Fortuna

NON APPENA USCII DA ACCHIAPPALITUTTI chiamai quel numero. Squillava e basta.

Mi collegai a internet e inserii il numero nella barra di ricerca, pensando che sarebbe spuntato almeno il nome dell'attività a cui era collegato, ma niente. Controllando i risultati delle pagine successive, a un certo punto vidi che era registrato come numero per le prenotazioni di un ristorante.

«Ninkashi?»

Era un locale di birra artigianale. C'era persino una breve spiegazione che diceva che "ninkashi" era la dea della birra. Cercai quindi quel nome e tra i risultati spuntò un "ninkashi incidente ghiaccio secco". Era un caso recente, perciò ne avevo sentito parlare. Quindi era lì che era successo.

Era un pub particolare, con un giardino esterno con piscina; ne avevo sentito parlare dalle ragazze qualche volta. Mi dicevano che lì ogni settimana c'erano feste dove andava un sacco di gente. Quando l'atmosfera si scaldava e l'alcol iniziava a fare effetto, gli ospiti si lanciavano in piscina con ancora i vestiti addosso, si divertivano così. La proprietaria era stata una famosa *agasshi* che aveva incontrato lo sponsor giusto e si era tirata fuori dal mondo della prostituzione, per poi finire per rientrarci, essendo rimasta con un pugno di mosche in mano. Tra le ragazze girava voce che si fosse indebitata per aprire il Ninkashi.

L'incidente si era verificato il giorno del compleanno della proprietaria. Aveva invitato i clienti più famosi e aveva messo del ghiaccio secco nella piscina in modo da creare del fumo bianco, che dava un'atmosfera particolare alla festa. Sovraeccitata e sotto l'effetto dell'alcol, però, aveva finito per versarne troppo, e ciò aveva creato la fuoriuscita di un'ingente quantità di fumo bianco. Inizialmente si era creata un'atmosfera misteriosa, ma dopo poco la vista di tutti i presenti si era offuscata e avevano iniziato a urlare all'intossicazione.

Due dei clienti che avevano inalato quantità eccessive di fumo furono ricoverati in terapia intensiva, e uno dei due morì. Uno dei partecipanti alla festa era uno youtuber che aveva trasmesso in diretta l'accaduto e, pertanto, fu facile capire la dinamica della vicenda.

Sotto l'articolo relativo all'incidente del Ninkashi ce n'era un altro dal titolo "Decesso della proprietaria": diceva che la donna era stata rinvenuta morta in casa mentre era sotto indagine da parte della polizia. Ovviamente il caso era stato chiuso.

Comunque, cosa c'entrava il Ninkashi col minimarket e con Nabi? Con passo svelto, mi diressi verso il commissariato.

Sookyeong conosceva bene quel caso.

«È un caso piuttosto complesso. Si pensava che si sarebbe concluso con la morte della proprietaria, ma il team che si occupava dell'assicurazione sulla vita ha messo in dubbio le indagini.» In altre parole, si temeva si trattasse di frode assicurativa. «Il caso era stato archiviato per morte naturale, ma la somma di denaro ricevuta dalla famiglia dalla riscossione dell'assicurazione va oltre l'immaginabile.»

«Circa un miliardo di won?»

«La compagnia assicurativa doveva alla famiglia tre miliardi e cinquecento milioni. La cliente è morta solo tre mesi dopo aver stipulato l'assicurazione. Non ti puzza un po'?»

«Qual è la causa del decesso?»

«Emorragia subaracnoidea. C'è la conferma del medico. La donna è stata rinvenuta in casa sua senza vita e secondo la testimonianza dei primi soccorritori non era ancora in *rigor mortis*.»

«Se la causa del decesso è nota...»

Quando la somma della riscossione dell'assicurazione è consistente, tutti pensano subito che si tratti di frode assicurativa.

«Non sembra un caso di frode assicurativa.»

«Questo è tutto ciò che so. Se vuoi saperne di più, ti metto in contatto con il detective responsabile del caso.»

«Lo faresti davvero?»

«Ma certo, visto che è Yoohan.»

«Sookyeong!»

«Ma guarda te. Sei tu che ti agiti. Che possiamo farci se lui è il detective responsabile e tu quella a cui servono informazioni? Se pensi che Nabi abbia qualcosa a che fare con questa storia, prova a metterti in contatto con lui.»

Non potevo darle subito una risposta.

«La proprietaria è morta, quindi non è che si possa scoprire granché in più. Non ho nessuna prova che Nabi lavorasse lì, anche perché era un birrificio e non un minimarket.» Mi sforzai di vedere le cose in maniera positiva, ma una parte di me era scossa.

«Meno male, allora. In questi casi però, l'istinto ci prende sempre.» Sookyeong non smetteva di tormentare il manico della povera tazza che teneva in mano. «Ieri sono andata in commissariato e ho pranzato con Yoohan. Mi ha detto che l'hai aiutato con il caso di Madam Yang.»

«Avevo delle informazioni. Le persone che bazzicano nel mondo della prostituzione si tengono lontane dalla polizia, lo sai. Quindi ho fatto da tramite.»

«Sei sempre così gentile con gli estranei» disse, per poi sorridere esitante. Teneva d'occhio le mie reazioni. «Non hai contattato Yoohan dopo il divorzio, nemmeno una volta? Eravate una famiglia, in fondo.»

«Famiglia...»

Non sentivo quella parola da tanto tempo. Ora, tuttavia, eravamo più estranei degli estranei. Fosse stato uno sconosciuto l'avrei trattato in modo cortese, ma visto che era lui non ne avevo proprio voglia.

«Conosci Seungwoo, il ragazzo che lavorava con Yoohan, vero?»

«Come no. Come sta?»

«È scomparso poco dopo che voi due avete divorziato. Prima era scomparso il fratello minore, lui lo stava cercando e poi è sparito anche lui.»

«Dici sul serio? Seungwoo?»

«Per dirla senza mezzi termini, visto che non dà alcun segno di vita potrebbe essere morto.»

«Non ne sapevo nulla...»

«E chi avrebbe potuto dirtelo?»

Era la prima volta che ne sentivo parlare.

«Per colpa di questa storia Yoohan ha passato un periodo terribile. In più era furioso perché era stato retrocesso, a vederlo così mi faceva male il cuore.»

«Si sa qualcosa del fratello minore?»

«Ancora nulla.»

«Comunque perché ha colpito così tanto Yoohan? Che c'entrava lui?»

«Sei proprio all'oscuro di tutto, allora. Furono molto criticati entrambi per aver agito sotto copertura nel caso che gli era stato assegnato. Il problema fu che si erano finti dei clienti di un karaoke per cercare il fratello di Seungwoo, che era stato rapito. Sia la procura che l'opinione pubblica se l'erano presa con la polizia, e sai che ai piani alti queste cose non vanno bene per niente. Quindi Yoohan e Seungwoo furono messi all'angolo.»

Quando si tratta di indagini sotto copertura, ci sono sempre degli attriti tra la procura e la polizia. Capisco che sia vietato agire in quel modo, ma per i poliziotti non è affatto facile mettere in atto un blitz quando si ha a che fare con crimini di droga, prostituzione e gioco d'azzardo. È difficile persino avvicinarsi a certi ambienti. Si tratta di crimini difficili da scovare se non si prende quella strada.

«Seungwoo è caduto nella trappola di una gang e ora è scomparso. Yoohan è rimasto molto scosso, ovviamente. Non se la passa per niente bene da quando è successo, tanto che aveva deciso di presentare le dimissioni, ma poi quel giorno ti ha incontrata in commissariato. Visto che la sua ex moglie era stata catturata dalla polizia, ha messo da parte il "progetto dimissioni" per un po'.»

«E cosa c'entra questo con me?» Mi sforzai di distogliere lo sguardo.

«Per lui c'entri eccome. Fino a qualche giorno prima era tutto un lamentarsi di come la giustizia non fosse dalla sua parte, di come volesse abbandonare tutto. Meno male che ci ha ripensato.»

All'ascolto di quelle parole, un brivido mi attraversò la schiena.

"Amore, credo proprio che la giustizia non sia dalla mia parte."

Era quello che gli avevo detto mentre cercavo mia sorella, c'era mio padre in carcere e avevo perso mia madre. Nessuno poteva aiutarmi. Anch'io soffrivo, eppure dovevo consolare tutti i famigliari delle vittime che ogni giorno si riversavano in commissariato. In quel periodo mi sentivo come un cactus ormai secco dopo aver sopportato il deserto rovente, di cui non è rimasto nulla se non le spine.

Era ormai sera quando ritornai ad Arcana. Ero affamata. Le uniche cose a disposizione erano pane e latte, nient'altro. Aggiunsi dello zucchero e della cannella al latte e mescolai. L'aroma di cannella mi riempì le narici quando aprii la confezione. Ci inzuppai il pane, che si impregnò lentamente del latte, ormai diventato scuro a causa dell'aggiunta della cannella.

Avevo dato appena due morsi quando mi arrivò un messaggio.

Più mi cerchi, più mi nascondo.

Era Seohee. Mi venne subito in mente lei, senza rifletterci. Ero così tanto scioccata che feci cadere il pane nel latte. Ricontrollai il messaggio. Il mittente era anonimo e il numero da cui era stato inviato non era un numero di telefono vero e proprio. Quindi era davvero Seohee.

Era il momento che avevo sempre aspettato, e ora che era arrivato non avevo idea di cosa fare. Il cuore mi batteva all'impazzata. Il pane era ormai sprofondato nel latte. Mi venne in mente Camilla. Provai a chiamarla, ma non rispose. Uscii di casa senza preoccuparmi neanche di chiudere a chiave e mi diressi verso il Lola, un hostess bar nella zona di Sinsa-dong.

«Qui?»

Arrivata nel luogo scritto sul biglietto da visita di Camilla non ci trovai un hostess bar, ma una grande villetta lussuosa con dei muri molto alti. Era talmente tranquilla che mi sentivo quasi stupida a chiedermi se si trattasse davvero di un locale per adulti. Gli impianti di insonorizzazione erano probabilmente stati realizzati con cura, perché nella viuzza adiacente c'era un silenzio totale.

Suonai il campanello; nessuna risposta. Sembrava staccato. Non c'erano persone che entravano e uscivano dal giardino, né incontrai qualcuno mentre girovagavo lì intorno.

«Ehi!»

«C'è qualcuno?»

«C'è qualcuno dentro?»

Gridai in direzione della casa. Poco dopo uscirono due uomini che indossavano un abito nero. A vederli così in ordine sembravano proprio due impiegati di una grande azienda. Avevano un'aura totalmente diversa dai gangster buttafuori che avevo incontrato fino a quel momento. Anche il loro modo di parlare era raffinato, sebbene severo e formale. Tenevano alta la guardia.

«Come possiamo aiutarla?»

«Sono venuta a incontrare la madam, è in casa ora, vero?»

«Ha un appuntamento?»

«No, però...»

«Le devo chiedere di andarsene, allora.»

Nonostante la gentilezza nel suo rifiuto, mi si avvicinò bruscamente con fare minaccioso. Non potevo indietreggiare, perciò provai ad avere la meglio in qualche modo; nel frattempo vidi le ombre di altri uomini provenire dal giardino. Non mi sembrava il caso di peggiorare la situazione.

«Potreste dirle che Seohee mi ha contattata, per favore?»

Non risposero. Stavo per alzare di nuovo la voce, ma proprio in quel momento il portone del parcheggio accanto all'entrata principale si aprì e ne uscì una macchina nera. Temendo che continuassi a essere molesta stavano procedendo con il protocollo, pensai. Se non altro, un modo davvero originale per sbattermi fuori.

La strada per andare da Sinsa-dong a Nonhyeon-dong era molto trafficata. La macchina nera sulla quale mi trovavo era ferma. Credo che l'autista, un uomo dai capelli bianchi, pensasse che io fossi una *agasshi*. Avrà pensato che fossi andata di persona a cercare Camilla per entrare nel giro e mi fossi fatta sbattere fuori. Forse per questo iniziò a farmi la predica.

«Ti sembra di poter guadagnare soldi facili entrando nel mondo della prostituzione, vero? Basta versare da bere ai clienti, fare qualche sorriso. Fare soldi divertendosi.»

Non risposi, girai la testa verso il finestrino.

«Stai alla larga da quei soldi, sono sporchi. Mica tutti quelli che se la passano male vanno a finire in quei giri. Bisogna ripartire dal basso, pian piano, e risalire. Trovati un buon marito su cui puoi contare e viviti la tua vita. Per una donna, quella è la strada migliore.»

Che faccia tosta. Ero stufa marcia della gente che dà consigli agli altri senza sapere nulla di loro. Per di più, parla proprio uno come lui, che critica tanto il mondo della prostituzione come se non fosse ovvio da dove arriva il suo stipendio. Paradossale.

«Qua fuori nel mondo, un uomo guadagna dieci volte più velocemente di un donna.»

"Dovrei sposarmi con un gran lavoratore, allora" pensai.

«Trovati un uomo che non va e viene dagli hostess bar e sii una brava moglie. Fare un figlio come fanno tutti, costruirsi pian piano una casa come fanno tutti, quella è la felicità. Pensa anche ai tuoi genitori, e non tornarci più in un posto così. Mai più.»

Non potevo starmene zitta. Non ero arrabbiata, ma infastidita sì.

«Mia madre non c'è più e mio padre è in carcere» dissi, in tono duro. L'autista tossì imbarazzato, ma pronto ad alzare la voce e farmi un'altra predica. "La smetta, su."

«A maggior ragione dovrebbe fare una bella vita, pensando ai suoi genitori.»

«Mio padre ha ucciso mia madre. Ma essendo mio padre dovrei trattarlo come si deve. Quanti soldi dovrei mettere sul suo conto in carcere, secondo lei?» gli chiesi, notando che aveva abbassato la guardia.

Era tutto vero, in fondo. Mi accorsi, attraverso lo specchietto retrovisore, che aveva strabuzzato gli occhi alle mie parole. Per chiudere la storia come si deve sarei dovuta scendere dalla macchina, ma non mi andava. Quel giorno mi sentivo in vena di essere tagliente.

«Mi hanno detto che l'ha accoltellata. Una famiglia allo sfascio, con mia sorella minore che è persino scappata di casa. Può aiutarmi lei a risalire, pian piano?»

«... Non sono affari miei.»

Notai che la nuca gli stava andando a fuoco.

«Proprio così, ciò che succede nelle case degli altri non sono affari suoi. Se non può aiutare, né tantomeno risolvere nulla, stia zitto. Finora ha superato il limite di velocità due volte ed è passato col rosso una volta. Potrei segnalarla per violazione del codice della strada tramite la Smart Citizen App, ma da che è la prima volta che la vedo le do solo un avvertimento. Mi faccia scendere di fronte alle strisce pedonali, per favore.»

L'autista non aprì più bocca fino a che non arrivammo a destinazione. Lo salutai mentre scendevo dalla macchina, ma non ricambiò e ripartì immediatamente. Si fingeva un autista distaccato, ma allo stesso tempo prendeva da Camilla uno stipendio che era frutto dei soldi delle *agasshi*.

Ero scesa in fretta e furia dalla macchina, ma non mi sentivo meglio. Per di più ero in un punto da cui era difficile prendere un autobus o un altro taxi. Iniziai a camminare senza meta.

11

La Giustizia

FUORI ARCANA C'ERA UN UOMO IN PIEDI, con una torta in mano. Capita spesso che dei passanti si fermino di fronte al negozio per qualche minuto. È un punto più in penombra degli altri, e non c'è nessun cartello che faccia capire se sia un locale in attività. L'uomo, di spalle, era al telefono: mi sembrava uno di quelli che aspettano la fidanzata per festeggiare il suo compleanno.

Le persone che si fermano lì, quando mi vedono arrivare per entrare nel locale, solitamente si spostano. Ma quell'uomo no, anzi venne verso di me.

Era Yoohan.

«Perché ci hai messo tanto?»

Stavo quasi per chiedergli scusa. Ti presenti qui di testa tua, senza un appuntamento, e ti lamenti del mio ritardo, incredibile. Lo fissai, senza rispondere. Era sulla difensiva, con le braccia incrociate e tutto quanto. Il suo linguaggio del corpo era segno che mi stava respingendo, ma non sembrava farci caso.

«Buon compleanno.»

Mi porse la piccola scatolina con la torta. Abbassai lo sguardo per osservarla. Quand'era stata l'ultima volta che avevo festeggiato il compleanno con tutta la mia famiglia? Dopo la morte della mamma non avevo più festeggiato. Che senso aveva, se non sapevo nemmeno quando la mia vera madre mi aveva partorita? Mio padre mi aveva detto che non sapeva neppure della mia esistenza mentre venivo al mondo. Perciò non mi fido di quella data.

«Non entro. Sono venuto solo a darti questa, prendila.»

«Te la puoi tenere.»

«Non è il mio compleanno oggi, che me la tengo a fare una torta? Mangiala per cena, che ne so.» Ostinato, mi mise la scatolina in mano. Era troppa per mangiarla da sola per cena.

«Entra. Non ho il frigo, dobbiamo finirla entro stasera.»

Poi mi venne in mente una domanda che volevo fargli.

Mentre tagliavo la torta e la mettevo nei piatti, lui si guardava intorno, senza sedersi sul divano. Mi metteva a disagio. Mi pentii di averlo invitato a entrare, forse mi ero fatta prendere dal momento.

«Come hai fatto a trovarmi?»

«Sookyeong mi ha dato l'indirizzo.»

«Mannaggia a lei.»

C'erano delle cose di cui volevo parlare con lui riguardo al caso di Nabi, ma non lì, non in quella circostanza.

«Continui a non festeggiare il compleanno?»

«Ma che festeggiare, alla nostra età.»

Lui non sapeva che la mamma non era la mia madre biologica. Probabilmente gli sembravo solo una persona che non dà particolare importanza ai compleanni. All'epoca era impegnato a gestire il caso di mio padre, poi avevamo divorziato poco dopo, perciò non avevo avuto tempo e modo di dirgli la verità. Non che ci fosse bisogno che la sapesse.

Posai la torta e una tazza di caffè decaffeinato sul tavolo e mi sedetti. Lui fece lo stesso.

«Cosa volevi chiedermi sul caso del Ninkashi?» mi domandò, schietto. «Sono disposto a collaborare con l'informatrice del caso di Madam Yang.»

Era venuto lì consapevole che avevo bisogno di lui, e se ne vantava.

«La morte della proprietaria non è riconducibile a una frode assicurativa?»

«Non è certo che sia stato un omicidio. Il fratello di Lee Hwaseo, la proprietaria, l'ha trovata svenuta al suolo quando è andato a farle visita a casa sua. All'arrivo dei primi soccorsi era già morta, e in ospedale hanno confermato la causa del decesso: emorragia subaracnoidea. Secondo i soccorritori era morta da pochi minuti, visto che il corpo era ancora tiepido.»

Avevo fatto bene a chiedere a lui. Conosceva tutto nel dettaglio, essendo stato il responsabile del caso.

«Il funerale?»

«Gliel'hanno fatto, ovviamente. La famiglia non voleva che venisse fatta l'autopsia, l'hanno seppellita il giorno dopo.»

«Che strano, però. Subito, il giorno dopo?»

«Considerando i giorni, sì, era il giorno dopo, ma se contiamo le ore non ne erano passate nemmeno dodici. È stato un funerale piuttosto rapido. Capita però, quando i figli muoiono prima dei genitori o quando ci sono casi di morti disonorevoli per la famiglia. Non si diffonde neanche la notizia.»

È vero. Non si poteva basare un'accusa di frode assicurativa sul semplice fatto che il funerale fosse stato affrettato. In più la vittima era deceduta di morte naturale. Ci sono molti casi di omicidio volontario compiuti con l'obiettivo di riscuotere i soldi dell'assicurazione della vittima. Ma lei era nubile. E se si fosse trattato di omicidio ci sarebbero state delle prove, la polizia starebbe ancora indagando. Invece no: morte naturale.

Proviamo a pensare che non si tratti di omicidio. Un suicidio per riscuotere l'assicurazione sulla vita, allora? Non ha senso. A che le servivano i soldi dopo essere morta? Forse per pagarsi le spese del funerale? Ancora, non ha senso. Affondai nella sedia e chiusi gli occhi. Avevo mal di testa. L'unica persona a cui potevo chiedere di Nabi non c'era più. Dovevo cercare un altro modo?

Ero sicurissima che Nabi avesse lavorato al Ninkashi.

«Tra le dipendenti del Ninkashi c'era per caso una certa Nabi, con dei tatuaggi con delle farfalle? Non so il suo vero nome.»

«Il locale non era in attività, non c'erano dipendenti.»

«Cosa? E la festa, allora?»

«Al momento dell'incidente il bar era chiuso, ma era stato riaperto per quella festa solo con i clienti VIP. Quelle che lavoravano lì quella sera erano state assunte part-time. Tatuaggi? Non saprei. Le ho incontrate tutte, ma nessuna di loro aveva alcun segno particolare.»

Mi aspettavo una prova, anche piccola. Ero sfinita.

«Pensavo lavorassi nella cucina di un hostess bar, invece mi hanno detto che leggi i tarocchi alle ragazze.»

«Sì.»

Non mi andava di spiegargli tutto. Non mi avrebbe capita, in ogni caso.

«Per trovare Seohee?»

Lo guardai sorpresa. Come diavolo faceva a saperlo?

«Se solo tu riuscissi a trovarla, anche attraverso i tarocchi...» Yoohan, che fino a poco prima stava giochérellando con il manico della tazza, si fermò. «Credo mi sentirei meno in colpa. Grazie del caffè. È tardi, chiudi bene a chiave e vai a letto. Io vado.»

Uscì in fretta, senza aspettare neanche che lo salutassi. Era venuto e se n'era andato così, di testa sua.

Dopo che uscì, sorseggiai un altro po' di caffè. Riguardai il messaggio di Seohee.

"Se solo tu riuscissi a trovarla, anche attraverso i tarocchi..."

La voce di Yoohan continuava a risuonarmi in testa. Mi decisi a prendere in mano i tarocchi. Volevo sapere com'era avvenuto l'incidente al Ninkashi. Mischiai le carte e ne pescai tre.

Tre di Denari, Cinque di Denari e Sei di Denari.

Erano tutte carte di Denari, tutti Arcani minori che avevano quindi a che fare con il denaro. Nel caso di Kang Hari erano tutte Spade, perciò questa volta non c'era nessun collegamento con i coltelli.

«Soldi?»

Non c'erano altre interpretazioni, c'entravano i soldi. Che si trattasse davvero di frode e non di morte naturale? Pensai che forse proprio per il fatto che era stata una morte naturale non si era arrivati al cuore della questione. Una morte naturale può essere falsificata in qualche modo. Cercai di guardare al caso evitando di pensare ai preconcetti legati all'idea di "morte naturale". Proviamo a pensare che sia un classico esempio di frode amministrativa.

Sollevai il Tre di Denari.

Raffigura tre uomini all'interno di un edificio intenti a realizzare un progetto architettonico. Un uomo, non si sa se sia un architetto o uno scultore, è in piedi su una sedia. Gli altri due lo ascoltano. Proviamo a riadattare questa situazione a quella di una frode. Questi tre uomini stanno mettendo a punto il piano per l'incidente: un piano segreto, curato nei minimi dettagli, perfetto. Tre è il numero perfetto. Mettendo insieme gli elementi, si è trattato di una frode perfetta? Era questo il significato?

Passai al Cinque di Denari.

Viene anche chiamata la carta della piccola fiammiferaia. Vi sono raffigurate due persone sotto la neve, senza scarpe, con vestiti logori, che passano di fronte a un grosso edificio che somiglia a una cattedrale. Proprio quell'immagine ricordava la piccola fiammiferaia. Il dettaglio delle vetrate così appariscenti li fa sembrare ancora più malconci e trasandati.

Guardarli mi fece venire in mente il modo in cui Nabi e il suo gruppo di amici si aggiravano senza meta nel quartiere a luci rosse.

«Non mi dire che Nabi...»

No. Non c'era alcun motivo per cui Nabi potesse essere stata rapita per portare a termine una frode. Fosse stato un caso di prostituzione o traffico di organi, allora l'avrei trovato più probabile. Trascinare uno sconosciuto all'interno di un caso aumenta esponenzialmente il grado di pericolosità. Diventa difficile assicurarsi che non parli.

Innanzitutto, decisi di liberarmi di quella sensazione di ansia che avevo addosso. Non mi era d'aiuto, anzi, non faceva altro che distrarmi. Più ci provavo, più il pensiero di Nabi si faceva pressante.

Mi concentrai sull'ultima carta.

Un uomo benestante tiene in mano una bilancia, mentre

distribuisce denaro a due persone in ginocchio di fronte a lui. Secondo l'interpretazione della carta, rappresentano il dominatore e il dominato. Osservandola nell'ottica di una frode amministrativa, chiunque avesse progettato il piano stava distribuendo il guadagno ai suoi complici.

A giudicare dalla piega che avevano preso le carte, in quel caso c'erano parecchie questioni legate ai soldi. Era estremamente probabile che si trattasse di frode più che di un caso di decesso naturale. Tuttavia, non era ancora nient'altro che un film nella mia testa. Non c'erano prove, e io non ero una poliziotta. Mi auguravo soltanto che Nabi non fosse la protagonista di quella storia. L'occhio continuava a cadermi sul Cinque di Denari.

Nabi, stai bene, vero?

Anche quel giorno andai in commissariato.

«Vieni al lavoro proprio tutti i giorni, eh.» Sookyeong mi osservò mentre bevevo il caffè con le braccia conserte.

«Che c'è? Un comune cittadino non può entrare per riposarsi un attimo?»

«Ma certo che può. Questo è un luogo di riposo, rifugio e protezione per i cittadini. Resta pure quanto vuoi.»

«In questi momenti mi rendo conto che vale la pena pagare le tasse.»

«Non è che te ne vai in giro a fingere di essere una poliziotta, vero?»

«Sookyeong, ti sembro quel tipo di persona?»

«Sì, sei il tipo che non si ferma davanti a niente per risolvere un caso. Vuoi che ti presti la divisa?»

«Davvero? Lo faresti?»

«Che credulona.»

«Tu credi che io non abbia una vita privata, non è così?»

«E ora che c'entra questo?»

«Da quando spifferi gli affari miei a Yoohan?»

Fischiettò, fingendo di non saperne niente.

«Se non fosse stato per il caso di Nabi l'avrei mandato via.» Non le dissi la parte della torta e degli auguri di compleanno. «Se non altro ora ho un'idea più chiara delle dinamiche del caso. Per quello ti sono grata.»

Si avvicinò e si sedette accanto a me.

«Hai visto? Per colpa tua anch'io mi sono messa a fare ricerche su quel caso. Riuscirò mai a guadagnare tre miliardi e mezzo nella mia vita? Con questo stipendio da dipendente pubblica?»

Scossi la testa. È una somma troppo alta, impossibile da ottenere anche dandosi alla corruzione più spietata.

«Impensabile.»

«Già. Ma se mi dessero quei soldi, risorgerei dai morti. Dovrei vederli prima di andarmene per sempre, ma sai quanti sono? Sarebbe un vero peccato, non credi?»

«Ovvio. Come si può morire lasciandosi alle spalle quella quantità di soldi?»

Aspetta un attimo!

«Sookyeong, e se non fosse morta?»

«Ma che stai dicendo?»

«La vittima, intendo, Lee Hwaseo. Se non fosse morta...»

«Riscuoterebbe lei stessa i soldi dell'assicurazione. Oh, mio Dio!» Capì subito cosa intendessi.

Ripensai alle informazioni che mi aveva detto Yoohan. Tra tutte, mi tornarono in mente i dettagli relativi ai primi soccorsi.

«Dobbiamo andare in un posto insieme.»
Ci dirigemmo verso la caserma dei pompieri.

I vigili del fuoco erano in pausa pranzo.

«Scusate l'interruzione.»

«Non si preoccupi. Mi dica pure.»

Punzecchiai Sookyeong sul fianco.

«Sono l'agente di polizia Yoon. Poco tempo fa siete stati chiamati alla residenza della signora Lee Hwaseo.»

Inclinarono la testa, confusi.

«Interveniamo in tanti posti ogni giorno. Dovrei dare un'occhiata all'agenda... Un attimo.»

«Si tratta del caso del Ninkashi, il locale di birra artigianale. Quello del ghiaccio secco» aggiunsi, e i vigili presenti sembrarono capire a cosa mi riferissi.

«Me lo ricordo, sì, perché era un caso insolito. Ho scoperto molto più tardi che la vittima era la proprietaria del locale.»

«Si ricorda del momento in cui siete arrivati in casa?» chiesi, interrompendo Sookyeong senza volerlo.

«Certo. Appena arrivati abbiamo verificato i segni vitali. Prima di controllare i valori ci sembrava che stesse dormendo. Alla fine, ne abbiamo dichiarato il decesso sulla scena del crimine. Il corpo era ancora tiepido, suo fratello non poteva credere che fosse morta.»

«Il fatto che il corpo fosse ancora tiepido cosa implica?» continuai a chiedere insistentemente, alla disperata ricerca di una prova.

«Che il decesso era avvenuto da poco.»

«L'avete portata voi stessi in ospedale?»

«No, nei casi di decesso non ci occupiamo noi del trasferimento, a meno che non ci siano situazioni particolari. Anche la famiglia aveva preferito così.»

«Certo, certo. Il vostro lavoro è prestare soccorso, ovviamente. Se il paziente non ce la fa, non c'è null'altro che voi dobbiate fare.»

Mi sentii scoraggiata, erano tutte informazioni inutili.

«Esattamente. L'ambulanza è arrivata immediatamente.»

«Per caso ricorda il volto della vittima?» proseguii, imperterrita.

«Me la ricordo perché era... insolita. Aveva un volto giovane, da bambina. Le avrei dato massimo sui venticinque anni, a vederla così. Non mi avrebbe stupito se ne avesse avuti meno di venti.»

Le antenne del mio istinto si drizzarono. Lee Hwaseo doveva avere circa trentacinque anni. Per quanto avesse potuto fare degli interventi di chirurgia o dei trattamenti alla pelle, essendo una *agasshi*, era improbabile che sembrasse così giovane. Non riuscivo a non pensare allo scenario peggiore. Mi sforzai di reprimere quei pensieri.

«E aveva un tatuaggio sul collo, una farfalla.»

Ecco che mi trovavo faccia a faccia proprio con quello scenario.

12

L'Appeso

ANDAI VERSO L'OSPEDALE DONGSAN. Sookyeong avvertì Yoohan, che mi ordinò di non fare nulla finché non fosse arrivato lui. Mi minacciò dicendomi che se avessi disobbedito mi avrebbe accusata di reato di sostituzione di pubblico ufficiale. Un esempio di violenza verbale: avrei dovuto registrarlo, cavolo.

Arrivò mentre lo stavamo aspettando nella lobby dell'ospedale.

«Ma com'è possibile che te ne vai sempre in giro a fare la poliziotta?»

«Ci sono andata con Sookyeong. Ero solo un'informatrice, nient'altro.»

Era sempre stato così. Il nostro rapporto cambiava

drasticamente quando alzavamo la voce. I giorni dolci come la torta che mi aveva portato duravano solo ventiquattr'ore. Mi toccava sopportare lui e il suo modo di essere, però, dato che era impossibile che un medico legale accettasse di incontrare una semplice informatrice. Mi affrettai a stargli dietro.

Il medico legale si ricordava della signora Lee.

«Me la ricordo perché aveva tatuaggi di farfalle sul collo, sulle spalle e sul petto. Eh?» Inclinò leggermente la testa di lato mentre sfogliava i documenti del caso. «Avevo determinato la causa del decesso come ignota.»

In quel momento, il medico scoprì che la causa del decesso che aveva scritto di suo pugno era stata modificata.

«Se la causa del decesso è ignota, è necessaria un'autopsia per determinarla, giusto?» Yoohan mi precedette nel fare quella domanda.

«Esatto. Com'è possibile questa cosa? Chi si è permesso di fare una roba del genere?!»

Continuava a girare e rigirare le pagine. Se veniva fuori che i documenti erano stati manipolati o modificati, lui poteva essere indagato. Sarebbe poi stato compito della polizia stabilire se le modifiche fossero state intenzionali o meno.

La faccenda si complicava. A giudicare dagli elementi che avevamo fino a quel momento, né i primi soccorritori né il medico legale avevano alcuna responsabilità. Nessuno di loro conosceva né la signora Lee, né Nabi. Non avrebbero potuto sapere che c'era stato uno scambio. Non ci sono informazioni sui corpi che non sono sottoposti ad autopsia. Era partito tutto dal fatto che il fratello maggiore aveva confermato l'identità del corpo, da lì in poi c'era stato il caos.

La cosa peggiore era che non bastavano i tatuaggi con le farfalle a dire con certezza che si trattasse del corpo di Nabi. Mi sarebbe bastato avere una sua foto, una sola. Come se avesse previsto il futuro, non si era mai fatta scattare delle foto, odiava a morte farsi fotografare.

"Ora sembro una sciattona, dai."

Rimandava sempre alla prossima volta, la prossima volta. Ora sembrava che non ci sarebbe più stata nessuna prossima volta. Che fosse Nabi o meno, di quel corpo non era rimasto null'altro che un pugno di cenere.

Uscita dal corridoio mi tremavano le gambe, stavo scaricando lo stress. Forse perché Nabi aveva la stessa età di Seohee quando era sparita, continuavo a sovrapporle. Cosa avrei fatto se anche Seohee se ne fosse andata in quel modo? Se il messaggio di qualche giorno prima fosse stato scritto da qualcun altro? Avevo tanti pensieri in testa.

«Tu vai pure. Io mi siedo un attimo qui nell'atrio e poi vado via.»

«... Va bene.» Sparì per poi ricomparire con due lattine di caffè in mano. Poi mi chiese di Nabi. Iniziai a parlargli di lei, senza neanche aprire la lattina.

«Dobbiamo prendere l'assassino che l'ha uccisa.»

«Non possiamo essere sicuri che si tratti del corpo di Nabi solo basandoci sui tatuaggi.»

«Lo so. Ma tutte le prove portano a lei. Il minimarket a cui si era rivolta, il fatto che quel minimarket fosse in realtà il Ninkashi. Dobbiamo trovarlo.»

«L'indagine del caso di Lee Hwaseo verrà riaperta per

frode amministrativa. Confermare che quel corpo fosse quello di Nabi verrà in un secondo momento.»

«Ho capito quello che vuoi dire. Ma Nabi non ha famigliari che hanno potuto denunciare la sua scomparsa, sono emigrati all'estero. Non vedi che è scomparsa da un mese ma nessuno la cerca?»

«Lo sai anche tu che non possiamo risolvere tutto, siamo realisti.»

«Già. La polizia aiuta solo le persone che fanno una segnalazione, come quella volta. Devo essermi confusa per pensare che la polizia potesse risolvere questa storia. Ci avevo davvero sperato, per un momento.»

Il mio sarcasmo probabilmente lo infastidiva, eppure restò in silenzio ad ascoltarmi. Poi, con fare gentile, tentò di persuadermi. «Te l'ho sempre detto, la polizia non è Dio. Non avere aspettative così alte.» Si alzò non appena finì di parlare.

«Lo so. La polizia non è Dio. Per questo ho pregato e pregato di diventare Dio io stessa.»

Stava per uscire, ma si arrestò al suono delle mie parole.

«Se non posso diventare Dio, almeno avere il potere dell'onnipotenza» dissi, facendomi beffe di me stessa. Non sapevo neanche cosa fosse quel potere. Pur di trovare mia sorella, avrei stretto anche un patto col diavolo. Perché ci sono delle cose che devo assolutamente dirle. *Devo* incontrarla.

Yoohan restò in piedi a riflettere per un po', poi propose di dirigerci verso l'agenzia Acchiappalitutti. Lo accompagnai volentieri.

Il direttore dell'agenzia era visibilmente sorpreso dalla visita di due clienti inaspettati.

«Così mi mettete davvero nei guai, cavolo» si lamentò.

«Ci sono un paio di altre cose che vorremmo chiederle. Non si preoccupi» disse Yoohan cercando di rassicurarlo.

Il direttore lanciò un'occhiata nervosa in direzione del tavolo da caffè. Avevo già informato Yoohan della cimice, quindi si era portato dietro un dispositivo che interferiva con i registratori. Lo attivò.

«Da questo momento in poi tutto ciò che lei dirà non verrà registrato da nessuna parte. Ho inibito i dispositivi di registrazione. Non ha nulla di cui preoccuparsi, si limiti a rispondere alle mie domande. Il numero che ha dato a lei rimanda al Ninkashi, il locale di birra artigianale. Come ne è venuto a conoscenza?»

Il direttore era ancora agitato.

«Siete sicuri che non stia registrando?»

Yoohan annuì, lanciando al direttore uno sguardo deciso e rassicurante.

«Sì.»

«Sicuri sicuri?»

«Lo usano anche i servizi segreti.»

Poi si voltò verso di me, come se volesse che gli dessi manforte. Anch'io annuii, nonostante quella fosse una bugia, i servizi segreti non lo usavano.

«Ora può rispondermi?»

Sembrava che il direttore si fosse convinto. Iniziò a parlare.

«La proprietaria di quel locale.»

«Lee Hwaseo.»

«Non so il suo nome. Mi aveva chiesto di cercarle qualcuno che l'aiutasse in casa, perché era troppo impegnata col lavoro. Voleva una ragazza giovane. Di questi tempi la gente non vuole persone troppo in là con l'età per questi lavori. I giovani sanno usare la tecnologia, capiscono come funziona la privacy. Quindi, al tempo, ho pensato che fosse per quello. Poi... mi disse che l'avrebbe scelta in base alla foto del viso, via chat. Mi sembrò piuttosto esigente.»

Mentre parlava, lui stesso si sentiva a disagio.

«A parte quello, non c'era persona più squisita di lei. La paga giornaliera era molto buona, non dava delle faccende da sbrigare alle ragazze. Piuttosto chiedeva loro di tenerle compagnia, perché non aveva amici, essendo troppo presa dal lavoro. La prima ragazza che le mandai era una cinese di origine coreana; dopo circa una settimana, mi sembra... Sapeva far bene il suo lavoro, eh, ma comunque venne fin qui e mi afferrò per il colletto. Mi chiese se fossimo complici. Era su tutte le furie. Anch'io mi alterai, le chiesi quale fosse il problema.»

Bevve un sorso d'acqua e continuò.

«La proprietaria del locale iniziava a lavorare la sera, giusto? E quindi la domestica tornava a casa. Mentre stava per andarsene, però, quella donna l'aveva fermata dicendole che voleva darle un bonus per il lavoro svolto, offrendole un bicchiere di succo d'arancia. Disse che gli affari stavano andando bene ultimamente, per questo le stava dando un extra. La ragazza ovviamente aveva accettato. Non esiste persona al mondo che dica di no ai soldi. Dopo aver bevuto qualche sorso di succo era svenuta, si era ritrovata in un seminterrato dal quale era riuscita a fuggire. All'epoca non le credetti, la sua versione e quella della proprietaria erano troppo diverse.»

Ci disse che facendo quel lavoro incontrava tanti tipi di persone diverse, quindi non aveva dato troppa importanza a quella storia. Aggiunse che poco dopo le aveva presentato una ragazza madre, che gli aveva detto che aveva affidato suo figlio a un orfanotrofio. Una storia triste, a dire dell'uomo. Il suo primo giorno di lavoro aveva mangiato la zuppa di merluzzo che la proprietaria le aveva preparato e aveva iniziato a stare male di stomaco, perciò era scappata senza nemmeno farsi pagare. Il direttore ammise di essersi piuttosto arrabbiato quando la ragazza gli aveva detto che si licenziava a causa del mal di stomaco, nonostante il lavoro pagasse bene.

«Mi incavolai parecchio, certo. Non è che facciamo volontariato qui. Anch'io devo guadagnarmi da vivere con le commissioni, o no? Come fai a licenziarti da un lavoro così buono per un mal di pancia. La ragazza disse che lo sguardo della proprietaria la spaventava, che la metteva a disagio. Disse che si sentiva osservata, aveva la sensazione che non sarebbe uscita viva da quel posto. Che intuito. Non so cosa mi passò per la testa, fatto sta che ignorai tutto quanto. Imprecai contro di lei, una che non aveva niente e che si prendeva persino il lusso di sprecare una fortuna del genere. Dopo fu il turno della ragazza con i tatuaggi delle farfalle. A giudicare dal fatto che lei ora è sparita, credo proprio che la paura delle ragazze fosse fondata.»

Il direttore continuava a biascicare la fine delle parole e a guardarsi intorno, come se fosse costantemente all'erta. Sembrava un'abitudine. Esiste la tranquillità per coloro che vivono nell'illegalità? Una vita passata a guardarsi intorno, a stare attenti a ogni movimento. A preoccuparsi di ciò che si dice, perché basta dire la cosa sbagliata ed ecco che viene a galla un altro crimine. Quel giorno finsi di capire come si sentiva, e annuii.

Yoohan, che stava appuntando tutto su un bloc notes, tornò alla prima risposta.

«L'unico requisito per la domestica era che fosse una ragazza giovane?»

«Sì, niente di specifico. Non doveva essere troppo alta o troppo bassa. Ah, e neanche troppo in carne. I colloqui li faceva in videochiamata. Poi, cos'altro... No, non mi viene in mente nulla.»

La signora Lee stava cercando una ragazza normale. Mettere troppi requisiti fisici poteva dare nell'occhio, quindi aveva optato per una ragazza senza tratti particolari. Faceva poi il colloquio online per controllare che le somigliasse, immagino.

«Ha per caso il curriculum di qualcuna delle candidate? Dove ci sia anche una foto.»

Per risolvere questo caso mi serviva una foto di Nabi. Non essendoci neanche impronte digitali, dovevo avere la conferma da parte dei soccorritori e del medico legale che l'avevano vista.

«Non ce l'ho, perché tanto la faccia la vedeva durante il colloquio.»

«Le registrazioni dei colloqui... Nemmeno?»

«Stiamo molto attenti alla tutela dei dati sensibili, quindi non abbiamo nulla del genere.»

Alla fine, non potemmo fare altro che lasciare l'agenzia a mani vuote.

Ero demoralizzata dal fatto di non aver ricavato alcuna informazione dall'agenzia, e amareggiata perché non avevamo risolto nulla. Quante persone ci saranno al mondo costrette a lavorare mettendo a rischio la propria vita per soldi? C'è qualcuno che può proteggere tutti coloro che lavorano per guadagnarsi da vivere senza possedere alcun dispositivo di sicurezza? Mi sembrava che Yoohan avesse preso in mano le redini del caso.

«La signora Lee non stava cercando una domestica, ma un corpo. Non sarebbe stato più facile comprarne uno già morto?»

Io la pensavo diversamente.

«No. Gliene serviva uno appena morto per poterla passare liscia coi soccorritori e la polizia. Incredibile che abbiano avuto il fegato di commettere l'omicidio e poi chiamare i soccorsi. Come vedi, nessuno si è fatto domande. Basta leggere la testimonianza dei soccorritori: il corpo era tiepido, non era ancora in *rigor mortis*. Come si poteva dubitare di una cosa del genere? Proprio per via della temperatura corporea.»

«Ma il fratello avrebbe dovuto riconoscerla, no?»

«Ma che c'entra, lui era complice di tutto.»

Il suo sguardo cambiò quando sentì quelle parole.

«Ma certo. Né la polizia né i soccorritori conoscevano il volto della signora Lee. Visto che è stato il fratello maggiore a dire che sua sorella era morta, nessuno ha messo in dubbio il fatto che in realtà non fosse lei.»

Yoohan chiamò immediatamente gli agenti che avevano lavorato con lui al caso e ordinò loro di controllare tra le altre cose le telecamere a circuito chiuso della camera mortuaria, la testimonianza del medico legale, i documenti riguardanti l'autopsia, il procedimento di apertura dell'assicurazione e il registro delle chiamate del fratello il giorno dell'incidente. A me invece ordinò di cercare informazioni su Nabi.

«Non ce ne sono, di informazioni.»

«Allora anche se catturiamo la signora Lee non possiamo interrogarla con l'accusa di omicidio. Ci servono delle prove che dimostrino che il cadavere era di Nabi.»

«Lo so. Mi arrabbio proprio perché so che è così, ma non posso farci niente.»

«Quindi, anche ammesso che prendiamo il colpevole, sarebbe scagionato dall'accusa di omicidio, che cazzo...»

Annuii. L'esito della sentenza era già scontato.

Il problema non è l'impossibilità che la sospettata, la signora Lee, abbia ucciso una persona, di fatto senza nome, e spacciato quel corpo per suo, ma che non ci siano elementi che permettano di risalire all'identità di questa persona, né tantomeno prove riguardo alla causa del decesso. Inoltre, non c'è nulla che provi che Lee fosse entrata nell'appartamento, pertanto non si può affermare con certezza che abbia ucciso. In conclusione, la sospettata non può essere accusata di omicidio.

«Quindi è inutile? Cercare la signora Lee, intendo.» Mi scappò una risata finta. Non avevamo assolutamente nulla in mano.

«No. Dobbiamo prenderla, sia pure per verificare che è effettivamente inutile. L'accusa di omicidio è bella grossa, ma neanche il resto di cui è sospettata è roba da poco. Un crimine è un crimine.»

«Ma non è giu...» "Non è giusto", era quello che stavo per dire.

«Il mondo è ingiusto» ribatté lui. «E proprio perché lo è sempre, ricordati che ci sono delle volte in cui conviene accettarlo come se fosse giusto.»

«Mi stai chiedendo di trovare un compromesso?»

No, mai.

«Ti sto dicendo che regolare l'ago della bilancia della giustizia è un compito che spetta alla polizia, secondo me.»

Sempre la stessa storia. Era imbronciato, ma riuscivo a sentire che era preoccupato. Forse stava incautamente regolando l'ago della bilancia da solo.

Dopo qualche giorno, la squadra di Yoohan arrestò Lee Hwaseo "viva e vegeta" a Busan, e con lei anche il fratello maggiore e l'artefice del piano, un uomo sposato con cui lei aveva una relazione; vennero tutti portati in commissariato. Lee era scomparsa senza lasciare traccia, ma la sua posizione era stata rilevata quando aveva ordinato una porzione di *jjajangmyeon*, gli spaghetti in salsa nera. Pensare che con quel piatto di spaghetti si era mangiata anche i suoi tre miliardi e mezzo... Che destino nefasto. Ora bastava trovare Nabi ed era fatta.

Andai in commissariato verso la fine dell'orario di lavoro.

«Ci sono notizie di Nabi?»

Da qualche giorno Sookyeong era preoccupata per me, diceva che avevo una brutta cera.

«Ora basta, Seoran. Lo sai quanta gente ha bisogno di aiuto ora, in questo istante?»

«Sì, ma magari...»

Era una questione di probabilità. Proprio per questo andavo in giro a chiedere e richiedere di Nabi ai gruppi di ragazzini scappati da casa e ai senzatetto. Perché magari era viva. Perché magari non era l'unica ragazza al mondo con le farfalle tatuate sul corpo. Tuttavia, nessuno si ricordava di lei, né tantomeno si chiedevano dove fosse.

Yoohan aveva ancora più fretta da quando gli avevano comunicato la notizia dell'arresto. Se si voleva perseguire l'accusa di omicidio, bisognava trovare qualcosa di Nabi, anche solo un capello. Serviva una prova, una sola che confermasse che il corpo che era stato scambiato era il suo. Non poteva essere così complicato, no? Sentii i miei passi farsi pesanti, mentre la speranza si trasformava in disperazione. Non avevo ottenuto nulla neanche andando in commissariato, quindi me ne andai.

Mi sentivo persa.

Erano le due del mattino. Lo spiazzo di fronte alla stazione della metro era deserto. Una volta che la folla di gente spariva, la sporcizia e la spazzatura della città diventavano più evidenti. I senzatetto sulle scale che portavano alla stazione cercavano di addormentarsi nei loro grandi scatoloni sistemati a mo' di casette. Quanto sarebbe stato bello se tra loro si fosse nascosta Nabi. Non ci fu nessuna coincidenza, nessun miracolo. Mentre vagavo senza meta e con un pugno di mosche in mano, mi sembrò di trasformarmi nella piccola fiammiferaia che cammina scalza all'interno del Cinque di Denari.

Ero senza forze, mi sedetti lì dove mi trovavo. Sarebbe stato meglio se non mi avesse incontrata? L'hostess bar sarebbe stato un luogo più sicuro per lei? Non avevo la risposta a quelle domande, nonostante a scuola ci avessero insegnato come trovare subito le risposte negli esami. In verità, la vita non è altro che una serie di scelte, non ci sono risposte giuste o sbagliate.

«Ehi, Seoran!»

Sentivo le voci.

«Cho Seoran!»

Mi voltai e vidi la macchina di Yoohan ferma al lato della strada col finestrino abbassato, dal quale mi stava chiamando.

«Sali!»

«Non ti preoccupare» risposi, mentre mi alzavo controvoglia. Non avevo neanche la forza di rispondergli.

«Sali, ti ho detto!»

«Non ora.»

Dovevo trovarla. Se non l'avessi cercata io, nessun altro lo avrebbe fatto.

«Se ti succede qualcosa mentre sei seduta lì io sarò l'ultimo ad averti vista. Già sono sommerso di lavoro, non mi va proprio di andare in giro a farmi interrogare come testimone. Sbrigati e sali.»

Non volevo dargliela vinta, ma neanche lui a me. Le macchine che passavano gli suonavano. Lui restava lì imperterrito, con gli automobilisti che gli facevano gestacci e lo riempivano di parolacce. Che testa dura. Non potevo non salire.

«Vai a casa, no?» Si diresse verso Arcana, ignorando la mia risposta. «Non sei curiosa di sapere come l'abbiamo presa, la signora Lee?»

«Grazie ai *jjajangmyeon*, mi hanno detto.»

«Proprio così. Sei contenta, adesso? Devo parlarti così per farti sentire meglio?»

Iniziò a spiegarmi come era avvenuto l'arresto. Dopo aver mostrato la foto della signora Lee ai soccorritori e al medico legale, tutti avevano detto che non corrispondeva al cadavere che avevano visto. Le indagini erano tornate al punto di partenza, e il caso era stato trasformato in frode amministrativa. Un'altra assicurazione aveva già erogato duecento milioni, e la Korea Life Insurance stava trattenendo l'erogazione dei tre miliardi e mezzo. Avevano inizialmente cercato chi aveva ricevuto i duecento milioni, e avevano scoperto che il fratello minore ne aveva intascati centocinquanta. I restanti cinquanta milioni li aveva inviati al padre.

«Il fratello era un complice, vero?»

«Abbiamo controllato il suo conto, da cui è risultato che prelevava quasi sempre intorno all'area di Wolgok-dong, a Seul, cioè il quartiere in cui abita. Ciò che ci ha insospettiti è stato il fatto che nello stesso momento il prelievo di denaro avveniva anche nel distretto di Suyeong, a Busan.»

«Prelevavano uno con il libretto e uno con la carta?»

«Esatto. I prelievi da Busan avvenivano sempre nel quartiere di Namcheon-dong, nel distretto di Suyeong. I due dovevano tenersi in contatto, ma avendo simulato la propria morte la signora Lee usava una scheda prepagata oppure un telefono che usava con falso nome. Abbiamo tenuto d'occhio il fratello per qualche giorno e abbiamo scoperto che chiamava usando un telefono pubblico.»

«Dalle cabine telefoniche si può risalire ai numeri di telefono, vero?»

Annuì e poi frenò di fronte a un semaforo.

«Il numero che chiamava era intestato a un uomo sulla ventina. La cosa strana era che l'identificazione della chiamata era anonima, quindi il numero riceveva e basta. Ma una chiamata effettuata c'era: un ordine di *jjajangmyeon*.»

Così avevano colto alle spalle non solo Lee Hwaseo ma anche i suoi complici, il fratello maggiore, l'uomo sposato con cui lei aveva una relazione e che era stato la mente dietro tutto il piano, e anche colui che aveva acquistato la scheda prepagata al posto suo. Mi disse che stavano tutti cercando di scamparsela dall'accusa di omicidio e non stavano collaborando.

«Alla fine...»

Non riuscii a continuare la frase. Il semaforo diventò verde e Yoohan spinse con forza il piede sull'acceleratore.

13

La Morte

«CI STA, I *JJAJANGMYEON* si ordinano sempre da asporto...» Seonghoon bofonchiava mentre metteva in ordine le ciotole sul tavolo. Finii di bere il caffè e gli porsi la tazza vuota. Era già da dieci giorni che veniva ad Arcana per pranzare.

«Ti sembra una caffetteria questa? Un'area relax?»

«E dai, Seoran, capiscimi. Almeno questo non è un ostello, è difficile mangiare e dormire sempre con qualcun altro.»

«Su questo ti do ragione.»

«Ho sentito che anche questo caso l'avete risolto insieme, tu e Yoohan.»

«Io non ho risolto un bel niente. Non sono una poliziotta, ma una semplice informatrice. Una cittadina che passava di là per caso.»

«Un'informatrice che risolve un caso di frode amministrativa. Sei piuttosto brava. Un poliziotto come me dovrebbe licenziarsi.»

Posai la tazza sul tavolo mentre lui mi fissava con il mento poggiato su entrambe le mani.

«E dopo che ti licenzi?»

«Chissà come farei a guadagnarmi da vivere. Perché non legge i tarocchi anche a me, signora Seoran?»

«Solo in questi casi mi parli con rispetto?» Gli lanciai un'occhiata e presi il mazzo di carte. «Cosa ti preoccupa?»

«Parecchie cose. Dovrei continuare a fare il poliziotto, riuscirò mai a comprare una casa, potrò sposarmi...»

Seonghoon doveva sposarsi tre mesi dopo. Mi disse che aveva ricominciato a vedere la ragazza con cui si era lasciato qualche tempo prima.

«Ma che dici, hai già una promessa sposa.»

«Io faccio sempre degli orari strani, e anche lei lavora spesso di notte.»

«Mi avevi detto che fa l'infermiera, giusto?»

«Esatto. Lavora fuori città, quindi non ci vediamo spesso. Dovrei sposarmi o no?»

Mischiai le carte e gli chiesi di pescarne otto. Così fece, scegliendole accuratamente una alla volta.

«Questo schema si usa per scoprire i sentimenti di una persona, le carte vengono disposte a forma di cuore. Per questo è parecchio popolare tra le coppie. Vediamo insieme queste carte.»

Girai la carta al centro.

L'Eremita.

Raffigura un uomo anziano ricoperto da una tunica bianca dalla testa ai piedi, come un monaco, con una lanterna accesa in una mano e un bastone alto quanto lui nell'altra.

«Questa carta rappresenta la vostra situazione attuale.»

«Oddio, non è un po' troppo cupa?»

«Non è detto che una carta che sembra cupa e tetra abbia un significato altrettanto negativo. L'eremita è anche una persona che non fugge quando si trova a fronteggiare un problema, piuttosto cerca di risolverlo. Per caso c'è qualcosa che non va tra voi due?»

«In effetti, credo di sì, in realtà. Non è che i poliziotti siano famosi per essere dei buoni mariti, questo è sicuro.»

«Cos'è tutta quest'autocritica? Per di più di fronte a una che è stata la moglie di un poliziotto.»

«Sto esagerando?»

«Te la faccio passare liscia solo perché sei un poliziotto. Quando tu e la tua fidanzata vi vedete, pensi che lei sia quella giusta?»

«Quando si è fidanzati è così, vogliamo tutti essere la coppia destinata a stare insieme. Ma ultimamente mi chiedo se dobbiamo davvero sposarci. Anche se ci sposassimo, potremmo stare insieme solo nei fine settimana. E quindi nei weekend non usciremmo? Se succede qualcosa devo comunque passare tutto il giorno in commissariato. Mi sentirei in colpa nei suoi confronti.»

«Non è facile occuparsi della propria famiglia quando si è impegnati a proteggere i cittadini.»

«Mi dice che per lei va bene, ma è perché non sa bene come funziona. Se mai avessimo un figlio, diventerei immediatamente il colpevole di tutto. Per questo mi chiedo se sia giusto sposarsi, se non sia solo il mio egoismo a volerlo.»

«A volte ci sono dei momenti in cui bisogna tirarsi indietro.»

«Dovrei annullare il matrimonio?» La sua voce si fece seria.

«Non essere così estremo. Quest'eremita è in viaggio per scoprire cosa si cela dentro di te. Pensandola nell'ottica di una relazione, indica una riflessione seria e profonda riguardo a un partner di lunga durata, o riguardo a un amore non corrisposto.»

A giudicare dalla sua espressione, non era convinto. Posai la carta e la osservai mentre sorseggiavo il caffè ormai freddo. Pensai che Seonghoon e la sua fidanzata avrebbero dovuto prendersi del tempo per riflettere. Ma avrei dovuto dirglielo? Vista la vicinanza del matrimonio sicuramente avevano già incontrato le rispettive famiglie e avevano già provveduto alle spese matrimoniali e per la casa.

«Sai, quando ho iniziato a studiare i tarocchi mi dissero di non porre più volte la stessa domanda. Ma quando ti succede qualcosa, o avviene un certo cambiamento dentro di te, allora puoi farlo. I tarocchi prevedono un futuro molto vicino, intorno a sei mesi dal momento della lettura. Sentiti libero di tornare quando vuoi, il futuro cambia continuamente.»

«Il tuo problema è che sei una credulona. Ma chi ci crede ai tarocchi, me li sono fatti leggere per divertimento...»

«Meno male che la pensi così, allora.»

L'atmosfera si distese. In quel momento si aprì la porta d'ingresso. Anna entrò salutando timidamente, ma quando vide Seonghoon esitò.

«Anna?»

La riconobbe. Si conoscevano? Sorpresa anch'io da quell'interazione, fissai Anna. Lei aveva la stessa espressione di un cucciolo di cane finito per sbaglio in una situazione complicata. Dovevo dire qualcosa.

«Conosci Anna?»

«Ma certo che la conosco, è compagna di università di Moonyeong, la mia ragazza.»

«Buonasera.»

Anna cercò di scacciare l'espressione sorpresa che aveva in volto e lo salutò, allegra. In quella circostanza mi trovai a essere io quella a disagio. Ci sono molti casi di ragazze che nascondono il fatto di lavorare negli hostess bar alle persone estranee all'ambiente. Era una cosa che sapevo, ma nel vederlo accadere davanti ai miei occhi non sapevo bene come rispondere. Fossero stati sconosciuti sarebbe stato meglio, ma invece erano due persone che conoscevo piuttosto bene, quindi solo io ero in difficoltà.

«Quindi anche tu sei appassionata di tarocchi, eh. Seoran, ci vediamo la prossima volta.»

Seonghoon ci salutò educatamente e se ne andò. Appena uscì, Anna si lasciò andare a una risata sguaiata.

«Ci è proprio cascato. E brava Moonyeong.»

«Cosa?»

«Ha proprio fegato la ragazza, addirittura ingannare un poliziotto.»

Anna si sedette accavallando le gambe e tirò fuori la sigaretta elettronica, come faceva per abitudine.

«Qui non si fuma.»

«Scusa.» Continuò a ridacchiare e poi scoppiò di nuovo a ridere fragorosamente, piegata in due. Talmente tanto che mi preoccupai che non riuscisse a respirare tra le risate. «Infermiera Kim Moonyeong. È famosa, è da quando era alle medie che è nel giro. Era il peggio del peggio, ma poi si è completamente ripulita entrando in orfanotrofio. Nonostante i suoi genitori fossero vivi e vegeti ci è andata di sua spontanea volontà ed è rinata senza spendere nemmeno un centesimo. Non so neanche quante vite abbia, mio Dio.»

«La conosci bene?»

«Lavora per Camilla, a Sinsa-dong.»

«Anche Moonyeong lavora al Lola?»

«È la preferita di Camilla, la sua *agasshi* prediletta.»

«Cos'è questa storia che lavora in ospedale?»

«Anche tu ne hai di strada da fare, Seoran. Davvero credi a quello che dice quella stronza? Il cartellino aziendale? Basta andare a Dongdaemun e ti fai fare i cartellini di tutte le aziende che vuoi.»

Qualcosa non mi tornava.

«Comunque sia, sta prendendo la licenza per praticare, perché è molto ambiziosa. La notte si dà da fare all'hostess bar e la mattina va in accademia a studiare. Io e le altre ragazze ci siamo dette che, se avesse fatto così dall'inizio, sarebbe entrata nella facoltà di Medicina.»

«È dovuta arrivare a tanto per potersi fidanzare con Seonghoon?»

«Lei è fatta così, non le importa tanto dell'aspetto fisico, ma dei soldi sì. Quella lì ha un fiuto infallibile quando si tratta di trovare uomini coi soldi, e così ha fiutato anche lui.»

«Ma no, Seonghoon non...»

«Tu non sai che ha una gran bella eredità. Gli uomini come lui sono la *crème de la crème*, stare con loro è molto meno stressante che entrare in una famiglia di aristocratici.»

Mentre la ascoltavo mi vergognai un po' nel rendermi conto di non sapere nulla di un mio amico così stretto.

«E se la scopre che fa?»

«Lei ha pianificato tutto. Per prima cosa, avrà dei bambini, perché nel caso in cui lui venisse a conoscenza di tutto poi non potrà mica mandar via la madre dei suoi figli. Gli altri famigliari potrebbero chiedere spiegazioni sul suo passato, così. Questo tipo di uomini ricchi sono il partito migliore, te l'ho detto. Perciò non devi dirgli assolutamente nulla dell'hostess bar.»

«Anche tu stai attenta a quello che dici. Per quanto mi riguarda farò finta di non aver sentito nulla di quello che mi hai appena raccontato, nulla. Va bene?»

«Okay!» Mi fece il gesto dell'okay e l'occhiolino.

«Comunque sia, che ci fai qui a quest'ora? Hai pranzato?»

«No, ho un appuntamento più tardi» rispose, mentre messaggiava con qualcuno al cellulare.

«Con chi?»

«Indovina.»

«Con quell'avvocato?»

Sarebbe a dire il ricercato.

«No, no. È un segreto.»

«Ma l'hai segnalato poi?»

«È scappato prima che potessi farlo. Era già famoso per essere un cornificatore seriale. Ci ero proprio cascata con tutte le scarpe. Troverò il modo di prenderlo e consegnarlo alla polizia.»

«Se diventa pericoloso, chiedi aiuto alla polizia.»

«Per una come me i poliziotti sono più pericolosi, perché sanno bene cosa è un crimine e cosa no. Sai, faccio qualcosina di illegale anch'io, a volte.»

«Sicura di saperlo?»

«Pensavi non lo sapessi?»

Il suo modo di scherzare nascondeva qualcosa.

«In realtà sono qui per una commissione per conto di Camilla. Mi ha detto che sei andata a cercarla qualche giorno fa.»

«Sì, ma non sono riuscita a incontrarla.»

«È un periodo molto pieno e favorevole per la nostra Camilla, anche per me è difficile incontrarla. Mi ha detto di darti questo.»

Mi passò una busta portadocumenti. La aprii e dentro vi trovai un piccolo bloc notes rosso, non più grande del palmo della mia mano. Sfogliandolo, mi resi conto che era un diario. Le date erano ferme all'anno in cui Seohee era andata via di casa. La mano con cui lo tenevo prese a tremare.

«Non ti ha detto nient'altro?»

Anna scosse la testa.

«È il diario di tua sorella, vero?» mi chiese cauta, studiando le mie reazioni.

Anna non conosceva Seohee, ma era lei stessa ad avermi presentato Camilla; in più era a conoscenza del fatto che all'epoca la cercavo per via di mia sorella.

«Non cercarla, Seoran» disse con fermezza mentre si sistemava il mascara. «Anch'io ho una sorella più grande, sai? Se la passa molto meglio di me. Ora studia negli Stati Uniti, vuole diventare un medico lì. Non c'entra nulla con me, vero? Quando ero piccola le dissi che avrei suonato la marcia nuziale al suo matrimonio. E invece guardami. Potrò davvero andarci, al suo matrimonio? E se per puro caso incontrassi, che ne so, uno dei miei clienti? Chissà, potrebbe esserci qualcuno di loro tra gli invitati. Non ci andrò neanche per sogno, non posso. Non sono mai neanche tornata a casa da quando lavoro come *agasshi*, per paura di farmi scoprire. Preferiamo stare tra di noi: non abbiamo nulla da nascondere, non dobbiamo sentirci in colpa di niente.»

«Hai chiesto a tua sorella?»

«E che glielo chiedo a fare.»

Dopo il mascara, passò al rossetto. Scelse un color rosso mattone. Chissà se mi stava ascoltando.

«Io sono la sorella più grande, lo so per esperienza. Fossi in lei, ti chiederei di suonarmi la marcia nuziale. Non me ne importerebbe nulla che mia sorella fosse una prostituta o scegliesse di cambiare sesso. Credo valga lo stesso anche per i tuoi genitori e per tua sorella.»

«Non mi servono queste risposte da manuale. A parole siamo bravi tutti, ma se fossi al mio posto non credo sarebbe così semplice.»

«Tu dici? Io non credo.»

«Non so se la tua storia avrà un lieto fine, ma so che nella mia vita ci sono solo finali tristi. Mia madre, mio padre... Non credo proprio verranno a cercarmi. Me ne sono andata dopo avergli urlato in faccia di far finta che io non esista. Li ho minacciati di ucciderli se mi avessero cercata. È meglio vivere da stronza piuttosto che fingere di essere la figlia perfetta. In fondo, anche lasciarli sperare che sarei ritornata non è un comportamento da brava figlia.» Aveva finito di sistemarsi il trucco. Si alzò di scatto. «Il mio dovere l'ho fatto.»

«Grazie. Ma come mai Camilla è una tipa così complicata? Mi aveva detto di vederci dopo la chiusura del caso di Madam Yang, ma niente.»

«È un periodo bello pieno per lei. I clienti VIP sono in fila pronti a strisciare la loro carta di credito. Per il momento non ha neanche tempo di uscire, quindi dà a me le commissioni da sbrigare. E tu, invece, quando ricominci con gli appuntamenti?»

«Presto» le risposi mentre ero ancora seduta sulla sedia, con lo sguardo rivolto in alto verso di lei. Era una bellissima ragazza di vent'anni.

«Hai messo tanti soldi da parte?»

«Secondo te? Soldi per il parrucchiere, per i vestiti, per i trattamenti alla pelle, per gli interventi di chirurgia. È un mondo strano: più investi, più guadagni. Bizzarro, no? Al telegiornale dicono che siamo in crisi, che la classe media è sparita, ma qui ci sono soldi a palate. Sono tutti fuori di testa. Vabbè, io vado.»

Se ne andò con passo leggero, come una studentessa universitaria qualunque.

Ora ero rimasta sola con il diario di Seohee. Avevo paura di scoprire quanto rancore si celasse in quelle pagine. Se avesse saputo tutto questo, sarebbe scappata di casa comunque? Se io non me ne fossi andata, nulla di tutto questo sarebbe successo?

Riecco l'emicrania. Cercai di resistere al dolore lancinante che mi spaccava la testa tenendomela tra le mani. Mi sembrò davvero che stesse per aprirsi in due, mentre andavo a recuperare l'antidolorifico. Mi si stava annebbiando la vista? Voltai lentamente la testa e un rumore assordante mi attraversò i timpani. Aveva iniziato a piovere. Le gocce di pioggia battevano sul vetro della finestra, ed erano talmente grosse che facevano ombra.

Per fortuna il rumore della pioggia finì per placare il mal di testa. Era il momento di mettermi faccia a faccia con mia sorella. La parte difficile fu solo voltare la prima pagina: dopo quella, non riuscii più a smettere di leggere. Il suo sogno non era diventare un'idol. Voleva sfruttare il fatto di essere un idol come trampolino di lancio per diventare un'attrice. In quel diario c'era tutto: aveva scritto delle prove nella classe di teatro a scuola, di quanto era stato difficile leggere un libro sulla teoria della recitazione; aveva persino raccontato delle richieste di partecipare ai casting che aveva ricevuto per strada. Non c'era ombra di dubbio che fosse il diario di Seohee, bastava guardare il modo in cui era scritta la lettera O, tonda e grande.

Ripresi fiato e voltai pagina. Quello che vidi mi lasciò così sconvolta che feci cadere il bloc notes per terra.

Seohee sapeva tutto sul suo padre biologico. Non c'era scritto da chi o come l'avesse saputo. Aveva scoperto la verità sul suo vero padre e ora stava facendo di tutto per trovarlo, chiedendo in giro di lui. Aveva usato i soldi dell'accademia di recitazione per pagare un investigatore privato, e sul diario aveva scritto di quanto fosse triste per questo.

A leggere quelle parole, mi sentii in colpa. L'aveva scoperto prima di me?

Quando voltai pagina, notai che era strappata. Nell'angolo restante in alto si vedeva metà della scritta NUMERO PAPÀ VERO. La parte sottostante con il numero era stata strappata via. Che cosa diavolo aveva in mente Seohee? Mio padre non sa nulla del marito precedente della mamma, quindi ormai è inutile chiedere a lui. Fa male sapere di non avere nessuno a cui chiedere. Sentii una stretta al cuore al pensiero che tutto ciò che avevo creduto di sapere era una menzogna.

Il diario si concludeva lì. Tra l'ultima pagina e la copertina era infilata una cartolina, con un messaggio scritto con la stessa grafia.

> *Seoran, la mamma è morta per colpa mia. L'ho uccisa io. Se mi cerchi, morirai anche tu. Non cercarmi. Mai. Sto bene dove sono.*

Come aveva fatto Camilla a mettere le mani su quella cartolina? Forse Seohee era una delle ragazze che lavoravano per lei? Il cuore mi batté all'impazzata.

Cercai frettolosamente il numero di Camilla nella rubrica dei contatti. Ovviamente non rispose. Le *agasshi* che lavoravano lì non uscivano neanche per andare dal parrucchiere. Come per le celebrità, avevano un parrucchiere, un truccatore e uno stilista personale. Non avevano alcun motivo di uscire. Pertanto, era difficile incontrarle persino usando la scusa della lettura dei tarocchi.

Nonostante ciò, mi diressi verso Sinsa-dong, con un

minimo di speranza. Il cancello del Lola era ben chiuso, come sempre.

Provai a chiamare Anna, ma senza successo. Continuava a non rispondere. Non rispondeva nemmeno ai messaggi. Lei non era una tipa che teneva un profilo basso che spegneva il cellulare, mi sembrò tutto troppo strano. Provai a chiamare al Time. La madam si lamentò con me del fatto che Anna non si fosse presentata al lavoro, nonostante l'orario di apertura fosse passato da un pezzo. Non appena chiusa la chiamata, andai proprio al Time. La proprietaria era ancora furiosa.

«Anna è proprio come tutte le altre.»

Per di più non si era presentata in un giorno col pienone di clienti.

«Queste cose succedono per due motivi: quando una impazzisce per un uomo, o per i soldi.»

Non era passata che qualche ora da quando Anna non si era fatta viva al lavoro, eppure la madam la dava già per scappata.

«Che le sia successo qualcosa?»

«Se le fosse successo qualcosa la polizia ci avrebbe già contattati, no? È ovvio cos'è successo. Io ce l'ho messa tutta.»

A parte le dinamiche di quel posto, l'Anna che avevo incontrato nel pomeriggio non aveva nulla di diverso dal solito.

«Chi lo sa.»

Quella donna sapeva dov'era andata Anna? Ci sperai.

«Potrebbe essere morta...»

«Come?»

«Perché sei così sorpresa? O si lavora fino alla morte o si muore e basta. È una delle due. Smettere di fumare è facile, staccarsi dai soldi è difficile» disse, facendo un tiro dalla sua sigaretta elettronica. Poi aggiunse che era impegnata e se ne andò.

Il giorno seguente andai a casa di Anna. C'ero già stata una volta, avevo fatto una seduta di lettura dei tarocchi alla sua coinquilina, anche lei una *agasshi*, una collega che aveva lavorato per Camilla. Ora si era trasferita a Busan, quindi Anna viveva da sola.

Il condominio Daehan era di vecchia costruzione, quindi niente ascensore. Salii le scale fino alla porta dell'appartamento 301, ero senza fiato. Suonai il campanello. Non sentii alcun rumore, forse era rotto. Bussai alla porta.

«Anna!»

Silenzio. Continuai a bussare e a chiamarla per un paio di volte. Provai a telefonarle, ma non sentivo nessuna suoneria dall'interno. Tornai a casa.

Lo squillo del telefono mi svegliò. A giudicare dal colore bluastro del cielo fuori dalla finestra, era ancora l'alba. Chi mi chiama a quest'ora? Guardai lo schermo: era Sookyeong.

«Pronto?»

«Sei venuta al condominio Daehan?»

«Sì, perché?»

«C'era un portachiavi con una carta dei tarocchi per terra.»

Ah, mi era caduto il portachiavi con la carta della Papessa.

«La carta della Papessa?»

«Non le conosco le carte, quindi non ne ho idea. Però è una donna, sì, che calpesta una mezzaluna.»

«Sì, è quella. È mio il portachiavi. Ma tu che ci fai lì? Sei in ricognizione?»

«No, c'è una scena del crimine.»

A quelle parole, mi sentii mancare.

«Che scena del crimine?»

«Di un omicidio.»

«Che appartamento?»

«Perché? Conosci qualcuno qui?»

«Non è il 301, vero?»

«Come facevi a saperlo? Sei una veggente. Sì, è il 301.»

Mi alzai di scatto. Mi passò davanti tutto il pomeriggio che avevo trascorso davanti alla porta dell'appartamento di Anna, come un film. Mentre la cercavo lei era già morta? No, stava morendo? Non potevo starmene stesa a letto. Uscii per andare al Daehan senza nemmeno cambiarmi i vestiti.

Corsi fino al condominio senza fermarmi. Avevo il fiatone, ma tentai di respirare normalmente quando passai nel piccolo parcheggio pieno zeppo di poliziotti. Sentivo il gelo nel petto.

All'entrata del condominio c'erano già molti vicini che erano venuti a guardare, c'era un gran caos. Era difficile anche solo entrare nell'appartamento 301. Chiamai Sookyeong.

«Sookyeong, sono qui fuori. Dove sei?»

«Che sei venuta a fare? Pensavo di passare da te di ritorno in commissariato. Aspetta.»

Scese poco dopo.

Vedendomi respirare a fatica mi guardò con fare inquisitorio. «Perché sei venuta qui così di corsa?»

«Sei sicura che è il 301? Sei sicura che è un omicidio?!» Strinsi con più forza il braccio di Sookyeong.

Di' di no. Per favore, dimmi di no.

«Sì, è il 301. È qualcuno che conoscevi?» mi chiese, cauta. Si accorse che non stavo affatto bene. «I detective e il reparto identificazione vittime stanno analizzando la scena, io ho trovato questo portachiavi coi tarocchi per terra. Mi sembrava potesse essere tuo, quindi l'ho preso. Lo sai che non si può inquinare la scena del crimine, parliamo di omicidio, eh.»

Non la stavo nemmeno ascoltando.

«Portami dentro con te, per favore.»

«Seoran... Che succede? Che hai?»

«Anna... Non so quale sia il suo vero nome, Sookyeong, ma lavorava in un hostess bar.»

«Ne sei sicura?»

Annuii. Lei mi afferrò la mano e mi portò dentro.

Non appena attraversata la porta d'ingresso sentii una stretta al cuore. Ero stata una poliziotta, avevo sempre avuto a che fare con casi raccapriccianti, ma nonostante ciò ogni volta era come la prima. Chiunque si trovi davanti a una scena del crimine non vuole far altro che scappare. Ma ora la sua famiglia, che sarebbe accorsa lì per lei, era lontana. La sorella maggiore studiava negli Stati Uniti, gli altri famigliari che vivevano in campagna probabilmente non erano ancora partiti da casa, perché di solito si contatta la famiglia solo dopo aver identificato la vittima. Feci un respiro profondo ed entrai. Un singolo passo divide la quotidianità dalla scena di un crimine.

Era un tipico monolocale di circa ventitré metri quadri. L'esterno del condominio era vecchio, ma gli interni erano ben arredati. I muri, il pavimento e gli elettrodomestici erano tutti bianchi, il che faceva sembrare il monolocale più ampio. Ogni cosa era perfettamente al suo posto. La libreria era piena di spartiti e di testi universitari. Si intravedeva anche un pianoforte digitale. Tutte quelle cose non c'erano la prima volta che ero stata lì. Pensai che fino a quel momento non avevo capito che tipo di persona fosse davvero Anna. Sopra al pianoforte lo spartito aperto della marcia nuziale di Mendelssohn.

Il problema era il pavimento di ceramica, completamente ricoperto di sangue. Anche a prima vista era chiaro che la vittima ne avesse perso un'enorme quantità. Tutto quel sangue rendeva la scena del crimine una vista agghiacciante.

Anna giaceva al suolo, con una ferita all'addome.

«È lei?»

Sookyeong studiò la mia espressione. Mi trovai di fronte a una realtà che non volevo accettare.

«Sì.»

Sospirò. Cosa dovrei fare ora?

«Chi l'ha trovata?» chiesi con un filo di voce. Sentivo gli occhi riempirsi di lacrime, ma me li asciugai con il dorso della mano. Non serviva a nulla reagire così. Bisognava risolvere il caso, era quella la priorità.

«È arrivata una segnalazione da una dipendente dell'azienda.»

Forse erano stati i bodyguard del Time, li avrà mandati la proprietaria pensando che Anna fosse sparita senza aver ripagato il suo debito. Senza dubbio si erano introdotti in casa con la forza. Dicevano che il primo che l'aveva rinvenuta era in ospedale per via dello shock che aveva subito.

Chi diavolo era l'ultima persona che aveva incontrato?

«A chi aveva fatto l'ultima chiamata?»

«Aveva una lezione di pianoforte in accademia, pare. L'abbiamo verificato tramite i messaggi inviati dal direttore. Le chiedeva cosa fosse successo, le ha detto di chiamarlo. Dobbiamo ricontrollare, ma per ora dai tabulati telefonici risulta questo.»

Mi scappò una risata amara. Non avevo proprio capito un accidente di chi era Anna. Aveva detto che andava a incontrare un uomo e avevo pensato si trattasse di un protettore. Mi diceva che non sarebbe tornata a studiare, che sarebbe diventata una madam, e io avevo pensato che avesse abbandonato il sogno di diventare una pianista. Mi sentii bruciare la nuca, mi vergognavo di me stessa. Neanch'io ero dalla parte delle ragazze, in fondo.

14

La Temperanza

LA MORTE DI ANNA fu l'inizio di tutto.

Il colpevole non venne catturato e ci furono due altre vittime. Una fu rinvenuta in un contenitore per la neve, l'altra in un bidone della raccolta differenziata. Il primo corpo era di una *agasshi* scomparsa un mese prima. Entrambi i ritrovamenti erano avvenuti nella zona di competenza di Sookyeong, pertanto lei era molto impegnata.

«Questo stronzo è uno psicopatico.»

Dopo essere rientrata dal consueto giro di ricognizione, Sookyeong si lanciò sul divano con aria esausta. Nel frattempo, gli altri agenti avevano ricevuto un'altra segnalazione e uscirono.

«Ti verso un caffè freddo?»

«Te ne sarei grata.»

Andai nella sala ristoro e preparai il caffè in ghiaccio: mi comportavo come se lavorassi lì. I giorni che trascorrevo in commissariato erano drasticamente aumentati. Sbrigavo delle piccole commissioni e nel frattempo restavo in panchina. Tutti i cittadini possono stare nelle stazioni di polizia, quindi nessun problema. Sookyeong sospirò mentre si dava una sistemata ai vestiti.

«È incredibile quanto lavoro ci sia da fare, eh?»

Le passai la tazza. Aveva il viso spento, non mangiava come si deve da qualche giorno.

«I detective responsabili se la passano molto peggio di me. Yoohan non stacca dal lavoro da più di dieci giorni. Con il carattere che si ritrova, non tornerà a casa finché non prendiamo il colpevole.»

«A casa...»

"Ha venduto la nostra casa, vero?" Volevo chiederglielo, ma mi faceva strano usare la parola "nostra", perciò mi bloccai.

«La casa è rimasta vuota, così com'era subito dopo che avete divorziato. Non ci torna quasi mai. Lasciare una casa così per vivere e mangiare in commissariato, che atteggiamento patetico.»

Mi scappò una risata. Mi sembrò strano, perché non me l'aspettavo.

«Credo che odi quell'appartamento perché odia me.»

«Lo sai, quindi. Ha detto che è per colpa tua, proprio così.»

«Ecco, vedi? Mi odia fino a quel punto.»

«Ma no, dice che è perché gli torni in mente tu. E poi perché magari potresti tornarci.»

Rimasi senza parole. Che imbarazzo.

«E perché mai dovrei tornarci? Non è più casa mia.

Dopo il divorzio, avrebbe potuto venderla o che so io. È proprio strano.»

Mi stavo lamentando un po' troppo.

«E tutte le tue cose?»

Giusto. Ero quasi fuggita da quella casa, in fretta, senza neanche prendere le mie cose. Avevo fatto lo stesso quando avevo lasciato la casa della mamma. Mi venne il dubbio che fossi io quella che cercava di fuggire dalla realtà.

«Comunque, cos'è che vuoi? Cosa dovevi chiedermi?»

«Un favore.»

«Mi stavo domandando come mai ti fossi offerta di farmi un caffè. Che ti serve?»

«Denunciare una scomparsa.»

«Per Seohee? Per lei c'è già la denuncia, lo sai.»

«No, non per lei. Me l'ha chiesto una madam. È una che sa dove si trova Seohee, quindi non potevo rifiutare. Mi ha detto che una volta risolto questo caso mi dirà dove si trova mia sorella.»

Un lampo di sollievo e dubbio allo stesso tempo attraversò lo sguardo di Sookyeong.

«Davvero lo sa?»

«In passato, Anna...»

«La ragazza che è morta?»

«Sì. Dicevo, Anna mi ha portato il diario di Seohee. Mi disse che era stata Camilla a chiederle di farlo. È la scrittura di Seohee, ne sono certa. Quella donna sa dove si trova mia sorella, è sicuro.»

In realtà, Camilla mi aveva telefonato la sera prima.

Mi aveva detto che avrebbe messo in pausa l'attività per motivi personali, e aveva aggiunto che non riusciva a mettersi in contatto con una delle sue ragazze. Era un appuntamento importante, per un posto che anche la ragazza voleva da tanto, quindi era molto strano che non si fosse presentata. Il nome che usava al lavoro era Miso, "sorriso", il suo vero nome Kim Moonyeong. Al suono di quel nome un brivido mi aveva attraversato il corpo.

Kim Moonyeong era la fidanzata di Seonghoon.

Anche Camilla lo sapeva. Il fidanzato era un poliziotto, ma data la situazione lei non poteva dirglielo, pertanto aveva chiesto a me di cercare informazioni in commissariato, senza dare nell'occhio.

Anche dopo la fine della chiamata non ero riuscita a togliermi di dosso quella sensazione di inquietudine. Avevo provato a suonare la campana tibetana; il suo suono tranquillo mi aveva calmata. Dovevo prima mettermi in contatto con Seonghoon? No, mi insospettiva il fatto che non si fosse messo a cercare la sua fidanzata in prima persona, nonostante sapesse che fosse scomparsa.

Mi serviva un indizio. In questi casi chiedevo ai tarocchi come comportarmi. Pescai una carta.

La Temperanza.

Vi è raffigurato un angelo con un piede in acqua e uno sulle rocce. Con le due mani ad altezze diverse versa l'acqua in un calice. Non si capisce se l'acqua scorra verso l'alto o verso il basso. Se si pensa all'acqua come al cuore delle persone, è una carta con un significato piuttosto preciso.

I tarocchi mi stavano dicendo qualcosa: non essere precipitosa e tieni a bada le tue emozioni; porta a termine prima di tutto il compito che ti è stato assegnato.

Perciò non avevo chiamato né Seonghoon né Yoohan, ma mi ero diretta in commissariato.

Non avevo detto nulla riguardo alla relazione tra Moonyeong e Seonghoon, e Sookyeong aveva accettato di aiutarmi.

«È arrivata una denuncia, quindi dobbiamo metterci al lavoro.»

Si alzò e se ne andò, mentre sgranocchiava gli ultimi cubetti di ghiaccio rimasti.

Toc, toc, toc.

«C'è qualcuno?» chiese Sookyeong con l'orecchio teso verso la porta dell'appartamento 1001. Io suonai il campanello, ma fu inutile.

«È in casa?» Bussò. Poi attaccò l'orecchio alla porta, per cercare di carpire anche un minimo suono. Feci lo stesso.

«Ce l'hai il suo numero?»

«Sì.»

Chiamai il numero che mi aveva dato Camilla.

«Senti squillare da dentro?»

«No.»

Non si sentiva neanche una minima vibrazione.

«Continua a chiamare. Potrebbe avercelo in modalità silenziosa.»

Mentre provavo a telefonare, Sookyeong passò in rassegna il corridoio, le scale e tutto l'esterno dell'appartamento per cercare un'altra entrata. Non trovò nulla e tornò indietro.

«Può darsi che sia andata all'estero per non dare troppo nell'occhio?»

«Magari fosse così. Camilla ha un modo diverso di lavorare rispetto alle altre madam. Si prende cura delle sue ragazze come le agenzie di intrattenimento fanno con le celebrità. Sono certa che ha qualcosa su di loro che usa per non farle scappare via. Ma il fatto che neanche lei sia riuscita a trovarla...»

Il telefono di Sookyeong squillò. «Un attimo, è la centrale.»

Non appena lei si girò, io urlai. Da sotto la porta fuoriusciva del sangue di un rosso vivo, che era già arrivato sino alle sue scarpe, bagnandole. Nei pochi passi che aveva fatto per allontanarsi da me, aveva lasciato delle impronte rosse. Impronte di sangue.

La denuncia di scomparsa si tramutò in un caso di omicidio. Sookyeong fece rapporto alla polizia, io andai in portineria a spiegare cos'era successo nei dettagli. Visto che c'era lei, fummo autorizzate a fare irruzione.

Alla vista della scia di sangue che era arrivata fino al corridoio, il portinaio ci aprì solo la porta, voltandosi dall'altra parte. Grazie a lui io e Sookyeong potemmo vedere l'interno dell'appartamento per prime. Anche una veterana come lei, al capo di un commissariato, che aveva esperienza in prima persona di tanti crimini, quando entrò chiuse gli occhi.

Espirai con forza.

Ero incredula davanti a quella realtà. È questo ciò che si vede all'inferno, se ne esiste uno? La vittima si era trascinata dal sofà, dove era avvenuta l'aggressione, fino quasi alla porta d'ingresso. Non era riuscita a raggiungerla ed era rimasta lì con la mano tesa in quella direzione. Essendo stata ferita all'addome, la quantità di sangue che aveva perso era inimmaginabile. Il suo corpo era completamente immerso nel sangue. Grazie al braccio proteso verso la porta d'ingresso il sangue era riuscito a fuoriuscire all'esterno.

Quanti minuti avevamo prima che arrivasse la polizia?

"Io non sono una poliziotta" pensai. Una volta chiusa la zona al pubblico non sarei potuta più entrare. Dovevo analizzare la scena del crimine velocemente. In lontananza si sentivano già le sirene. Non avevo tempo. Dovevo memorizzare più dettagli possibile e la scena del crimine come fosse una carta dei tarocchi.

«Sei arrivato?»

Sentii la voce di Sookyeong. Non mi voltai, ma probabilmente era arrivato Yoohan. Io me ne stavo vicino all'entrata a fissare l'interno, per memorizzare anche solo un dettaglio in più. L'atmosfera della scena del crimine.

«E lei?»

«Informatrice.»

«Lo fa di lavoro?» chiese in tono canzonatorio.

«Se ti piacciono così tanto le scene del crimine, torna in polizia, che ne so.»

«Siete impazienti di darvi addosso l'un l'altra voi due, eh?»

Sentii Yoohan avvicinarsi mentre protestava contro Sookyeong.

«Lì, sotto il divano...»

C'era qualcosa là sotto, ma stando in piedi non si vedeva bene. Mi abbassai per guardare. Sembrava tipo spazzatura.

«Cos'è? Spazzatura?»

Yoohan si abbassò accanto a me, brontolando.

«Vedi?» gli chiesi. Anche Sookyeong si chinò per guardare.

«Dici quella là?» Yoohan, frustrato, si alzò ed entrò nell'appartamento. Controllò sotto il divano.

«Quella cosa argentata.»

«Questa? È una barchetta di carta fatta con l'involucro di una gomma da masticare.» Si allungò per afferrarla.

«Fermo!» urlai d'istinto. Yoohan si bloccò. «È la firma dell'assassino.»

Si voltarono contemporaneamente a fissarmi.

«Che vuoi dire?» mi incalzò. «Cos'è, cosa?! Dimmelo subito!»

Lui era furioso, ma io non potevo dirglielo. Non subito. Avevo bisogno di calmarmi. Perché Yoohan e Seonghoon erano legati come fratelli. Nonostante ciò, era chiaro come il sole che Yoohan non avesse idea di chi fosse Seonghoon.

Ormai ero diventata un'ospite fissa della sala interrogatori in commissariato. Io e Yoohan eravamo seduti l'uno di fronte all'altra.

«Seonghoon dov'è? Voglio incontrare prima lui.»

«Sei la prima testimone. Sei qui per testimoniare, non per fare visite.»

«C'è una cosa che voglio chiedergli.»

«Chiedigliela per telefono. Conoscevi la persona scompars... No, la vittima, Kim Moonyeong?»

«No.»

«E allora!» Non riuscì più a trattenersi e urlò.

«Davvero non sai chi è Kim Moonyeong?» ribattei io. Lui e Seonghoon erano sempre insieme, come fratelli, doveva per forza aver visto anche solo una foto della sua fidanzata, pensai.

«Dovrei?»

Non aveva idea di chi fosse, assurdo.

«Sai come si chiama la fidanzata di Seonghoon? L'hai mai vista?»

«Perché continui a tirar fuori lui? Non è più in sé da quando ha annullato il matrimonio. Va in giro facendo finta di niente, ma a livello psicologico è messo maluccio.»

«Come mai?»

Sembrava fossi io a fare il quarto grado a lui.

«Problemi personali. Quindi, signora Cho Seoran. Perché sei andata lì?»

«Seonghoon ti ha detto di sapere che la sua promessa sposa era una *agasshi* in un hostess bar?»

Yoohan sgranò gli occhi. Aveva l'espressione di una spia a cui è stato rivelato un segreto di Stato.

«E tu come fai a saperlo? Te l'ha detto lui?»

«No. La ragazza che è morta oggi era, o mi sembra che fosse, la fidanzata di Seonghoon. Per questo bisogna chiedere a lui. È andato in vacanza lontano da qui? Non ce la fa a venire subito? Non ha neanche provato a cercarla nonostante lei non fosse più reperibile?»

«Sì.»

«Sì?!»

«Perché si sono lasciati.»

Quella risposta mi colse alla sprovvista. Mi aveva detto che tra tre mesi si sarebbero sposati.

«Dovevano sposarsi tra tre mesi, ma si sono lasciati. Altrimenti credi che si sarebbe comportato così?»

«Perché? Come mai si sono lasciati?»

«Lo zio di Seonghoon era un cliente fisso della ragazza.»

Ero senza parole. Seonghoon mi aveva fregata, ci ero cascata con tutte le scarpe. Mi faceva sentire peggio il fatto di essere stata tradita da una persona vicina a me. No, dovevo guardare alla cosa in modo distaccato. Se prendiamo in considerazione il rapporto in sé, non mi aveva mentito. Il matrimonio era effettivamente tre mesi dopo. Aveva solo omesso la parte relativa all'annullamento della cerimonia.

Yoohan premette il tasto di chiamata, stava provando a contattare Seonghoon. Riuscii a sentire il messaggio: «Il numero da lei chiamato non è al momento raggiungibile...».

«Stronzo.» Riprovò a chiamare un paio di volte e poi posò il cellulare.

Si passò le mani tra i capelli.

«Credi che abbiamo a che fare con degli omicidi seriali? No, vero?» Nella sua voce c'era una vena di paura.

Non gli diedi una risposta né positiva, né negativa.

«Supponiamo che questo sia stato un omicidio involontario. Se gli altri sono in qualche modo collegati, è un caso di serial killer. Che testa di cazzo, che cosa ha combinato?! No, non può essere. Non ha senso, no?»

«Perché no?»

Lui scopre che la sua promessa sposa è una prostituta e uccide tutte le ragazze che hanno qualche rapporto con lei: ha senso. È addirittura la classica storia che piace all'opinione pubblica. È una storia da prima pagina, no? Una storia che piacerebbe non solo a una nicchia ristretta di pubblico, ma a tutta la nazione.

Il motivo dell'omicidio?

"Una tipa che lavora in un hostess bar ha avuto il coraggio di provare a fregare me, un poliziotto."

Il movente era chiaro. Seonghoon era un poliziotto presuntuoso e molto sicuro di sé. Per un tipo così, venire ingannato equivaleva a perdere completamente la faccia. Perciò il fatto che avesse ucciso tutte le *agasshi* che si erano prese gioco di lui era un movente plausibile.

Ovviamente non c'erano ancora prove sull'assassino di Anna. Dopo gli ultimi eventi, era sempre più probabile che fosse morta per mano di Seonghoon per il semplice fatto di essere amica di Moonyeong.

«Perché hai detto che la barchetta di carta è la sua firma?»

«Questo dettaglio compare in un romanzo, dove c'è un uomo che uccide la donna che ama e lascia accanto a lei una barchetta fatta di carta.»

Durante l'università avevo frequentato con Seonghoon il corso di scrittura creativa. Nel corso c'erano anche studenti di altre facoltà oltre alla mia, e inizialmente non avevo fatto amicizia con Seonghoon, che era di un altro anno.

«Non ricordo quale fosse il titolo, ma credo si trattasse di un thriller ambientato in Nord Europa. Come compito dovevamo leggerlo e scrivere una relazione da presentare poi in classe. Mi ricordo che quello che aveva scritto Seonghoon mi rimase impresso. "Gli esseri umani sono gli unici che uccidono per divertimento. Tutti coloro che scelgono le loro vittime come se stessero scegliendo cosa comprare al supermercato sono più inumani delle bestie" aveva detto, in modo estremamente serio. Lì mi ero resa conto che proveniva dal Dipartimento di Polizia.»

«Non possiamo stabilire che sia lui il colpevole basandoci su una misera barchetta di carta recuperata tra i rifiuti. Durante le indagini verranno fuori delle prove, no? Che siano impronte digitali o l'arma del delitto.»

Stava negando a se stesso la realtà, il che non mi sorprese. Neanch'io riuscivo a credere a ciò che stava succedendo. Ma l'omicidio c'era stato: qualcuno era morto, qualcun altro aveva ucciso.

«Non troveranno l'arma con cui Seonghoon ha commesso i delitti» dissi con fermezza.

«Anche se non viene rinvenuta sulla scena del crimine, sarà lì vicino. A meno che l'assassino non l'abbia ancora con sé.»

«Ti dico di no, non la troveranno mai.»

«Non sai che la parola "mai" è vietata durante le indagini?» Non demordeva.

«Quel bastardo ha usato un coltello di ghiaccio come arma. Dopo aver compiuto l'omicidio credo che lo abbia buttato nel water. Il ghiaccio in acqua si scioglie velocemente, quindi basta scaricarlo nel water ed è fatta. Le prove arriveranno fino agli impianti di filtraggio? A meno che non si incastrino da qualche parte prima.»

«Il "coltello di ghiaccio" viene sempre da quel romanzo?»

«Esatto.»

«Stai dicendo robe senza senso.»

«Dai, c'è anche la canzone per bambini, quella dei ghiaccioli appesi ai tetti. Cosa diceva? L'uomo spezza i ghiaccioli dal tetto e li lega insieme per abbellire la casa, ma la notte la moglie muore assiderata... Era così?»

«Tu e i tuoi film mentali. Ma che dici? Lasciamo in pace le canzoni per bambini, per carità. Sai quante innocenze spezzate se quei ghiaccioli fossero diventati un'arma del delitto?» Fece un'espressione di disgusto.

«È tra le cose che aveva scritto Seonghoon, puoi starne certo.»

«Credi davvero che si possa uccidere qualcuno con un coltello di ghiaccio? L'hai vista anche tu la scena del crimine. Un'arma del genere potrebbe ferire, ma non sarebbe fatale. L'omicidio è stato compiuto con un'arma letale.»

«Certo che l'ho vista. Non era una ferita ben definita, anzi era molto più imprecisa della classica ferita da arma da taglio. Non credo fosse un coltello di ghiaccio normale.»

Quando l'acqua diventa ghiaccio, se al suo interno è presente del cotone la situazione cambia. Nel processo di congelamento, le fibre del cotone si legano all'acqua dando vita a una struttura a rete. In questo modo si crea un coltello resistente tanto quanto uno in metallo. Gli spiegai quello che avevo sentito da Seonghoon stesso ai tempi dell'università.

«Sì, mi pare di aver visto un esperimento simile su YouTube.»

«Il titolo del romanzo era *L'omicidio perfetto del manichino*, dentro c'è questa descrizione.»

«Anche quello l'ha scritto Seonghoon?»

«Sì, e anche piuttosto bene. Era un corso che non c'entrava niente con la nostra facoltà, non c'era bisogno che si impegnasse tanto, invece lui ce la metteva proprio tutta.»

«Non mi ha mai detto che voleva diventare uno scrittore.»

«Perché non è così. Voleva diventare un poliziotto in grado di mettere fine a ogni tipo di crimine. Studiava a fondo gli aspetti psicologici, ciò che portava l'assassino a commettere il crimine. Diceva che lo imparava attraverso i romanzi. Ma alla fine ha finito per trasformarsi in un mostro lui stesso.»

Il Seonghoon che conoscevo io aveva anche una buona manualità. Che fosse l'involucro di un chewing-gum, un tovagliolo, la bustina degli snack, riusciva a creare barche, uccelli, i *ddakji* per giocare, quei quadrati di carta ripiegati che vengono fatti rimbalzare per terra, qualunque cosa. Una volta andai nella sua camera e mi mostrò tutte le armi per compiere il crimine perfetto. Aveva provato a creare lui stesso un'arma che non lasciasse tracce, aveva progettato un omicidio perfetto e fingeva di usare le armi come dimostrazione. E su quello ci stava scrivendo un romanzo, così diceva.

«Che bisogno c'è di arrivare a tanto, è inutile» disse Yoohan con tono amaro. «Va bene. Prima di tutto dobbiamo capire dove si trova. La parte sul ritrovamento della barchetta fatta con la carta delle gomme da masticare, il fatto che ti abbia ricordato Seonghoon, la storia del romanzo scritto nel periodo dell'università che ti ha portata a immaginare quale possa essere l'arma del delitto... è solo un'ipotesi, giusto?»

Sospirai. Parlava più del solito, quel giorno. Capivo benissimo che fosse perché era agitato e in ansia e voleva solo fuggire da quella situazione. Mi arresi.

«Sì, nient'altro che stralci di un romanzo.»

Non reagì alla mia risposta. Proprio in quel momento, un agente entrò nella stanza.

Scuro in volto, disse: «Detective, ne hanno trovato un altro».

15

Il Diavolo

LA VITTIMA ERA UNA RAGAZZA di diciassette anni, rinvenuta in un contenitore di vestiti usati a circa duecento metri da casa sua. Sentivo la necessità di imprecare, ma non potevo farlo. La situazione era andata totalmente fuori controllo. Yoohan uscì d'impeto dalla stanza. Attraverso il vetro della sala interrogatori vidi che indicava qualcosa ai suoi colleghi. Provai a chiamare Seonghoon, che ovviamente non rispose. Fissai di nuovo Yoohan, che ora sembrava indaffarato. Leggendo il labiale e seguendo il movimento delle mani, capii che mi disse "io vado". Mi sembrò che mi avesse intimato di non muovermi con un gesto della mano.

Mentre aspettavo, telefonai a Camilla. Sicuramente era sconvolta dopo gli omicidi di Anna, Moonyeong e le altre ragazze.

«La richiamo più tardi» disse solo quello prima di riattaccare. Il suo tono di voce era distaccato.

Mi persi nei miei pensieri mentre tamburellavo con le dita sul tavolo. Poi misi una mano nella tasca dei pantaloni. Oh, il portachiavi con la carta, ecco dov'era. Avevo dimenticato di averlo messo lì quando Sookyeong me l'aveva dato. Lo tirai fuori. Su una placchetta di metallo non più grande di un pollice era incisa la carta della Papessa, corrispondente al mio numero dell'anima.

Il numero dell'anima è quel numero che simboleggia te stesso, ed è frutto dell'unione tra le carte dei tarocchi e la numerologia. Se sei nato il 21 aprile del 1992, devi sommare le singole cifre della data di nascita: 2+1+4+1+9+9+2. Risultato: 28. Se il risultato è un numero a due cifre deve essere ulteriormente ridotto, sommandole a loro volta. Quindi il risultato è 10, che si riduce ancora per arrivare a 1. Il numero dell'anima di quella persona sarà l'1. In altre parole, bisogna sommare i numeri fino a che non si arriva a un risultato con una sola cifra. Successivamente, si trova l'Arcano Maggiore che corrisponde a quel numero: quella sarà la carta dell'anima. È una cosa simile ai segni del calendario cinese, oppure agli otto caratteri del *saju*.

Secondo i calcoli, il mio numero dell'anima è il 2, corrispondente alla Papessa.

È una figura religiosa, che ha contatti con il mondo spirituale e che fa delle profezie. Quanto sarebbe bello se avessi davvero le sue abilità. Mi sembrava che ogni qual volta mi intromettevo finivano per succedere altri omicidi, e la cosa non mi faceva sentire tranquilla. Mi sfogai torturando il mio portachiavi. Dopo un bel po' tornò Yoohan.

«Scusa per l'attesa.» Quando si sedette aveva il fiatone. A fatica, disse: «Cosa devo fare?».

Non era un buon segno.

«Mi sembra proprio opera di Seonghoon» sospirò, mettendosi le mani nei capelli.

Strinsi forte il portachiavi tra le mani. Perché non l'avevo previsto, come faceva la Papessa? Che Seonghoon avesse sentito la conversazione tra me e Anna quel giorno in cui eravamo ad Arcana? Mi sembrò che tutto fosse colpa mia.

«Quella studentessa era su una app di incontri con il nome utente della sorella maggiore, ed è lì che ha conosciuto Seonghoon. Non è una donna in carriera, né ha qualcosa a che vedere con Moonyeong. Non c'è motivo per cui lui avrebbe dovuto ucciderla...»

«In che stato era il cadavere?»

Aggrottò la fronte.

«Nello stesso in cui sono stati rinvenuti gli altri finora. La ferita non è precisa. O non sa usare un coltello, o ne ha usato uno poco affilato. Che sia davvero un coltello di ghiaccio? Comunque, intorno alla ferita sono state rinvenute tracce di cotone. Non so se siano dovute al contatto con i vestiti all'interno del contenitore o con la coperta. Per avere più dettagli bisognerà aspettare l'esito dell'autopsia.»

Aggiunse che erano usciti i risultati delle analisi del DNA sul corpo di Kim Moonyeong. Mi tornò in mente il luogo del crimine. Tutte le tracce di sangue prelevate sulla scena appartenevano alla vittima.

«Non c'era neanche una minima goccia di sangue riconducibile all'assassino?»

«E non è tutto. Non sono state rinvenute impronte digitali sospette né all'interno dell'appartamento, né sulla porta d'ingresso, né nel corridoio esterno. Addirittura, non c'erano tracce di DNA neanche sulla barchetta di carta. Le telecamere di sorveglianza del condominio e dell'appartamento non funzionavano quando sono avvenuti i crimini. Come se qualcuno le avesse manomesse prima.»

«Credi che Seonghoon sia potuto arrivare a tanto?»

«È uno che sognava il crimine perfetto, no? Il problema è che non ci sono prove definitive sul fatto che il colpevole sia lui, se non la tua ipotesi. Anche se era l'ex fidanzato di Kim Moonyeong, non ci sono tracce di incontri avvenuti recentemente. Anche i tabulati telefonici sono puliti. Tu sei l'unica a dubitare di lui.»

«Ti eri convinto anche tu, o sbaglio?»

«...»

Non era facile per lui parlare.

«Seonghoon aveva un movente. Il *modus operandi* è lo stesso del romanzo. Cavolo, non avrei dovuto buttare via la consegna di quel compito. Quindi non mi credi, è così?»

Proprio per questo avevo lasciato la polizia e mi ero licenziata. Com'era prevedibile, quell'ambiente non era cambiato neanche di una virgola.

«No, non *posso* crederti. Da poliziotto non posso valutare la tua testimonianza come affidabile, perché non ci sono elementi che provino che sia stato Seonghoon. Tuttavia, personalmente...»

Mi guardò con occhi gentili.

«Io ti credo.»

Eccolo lì quello sguardo.

«Credi di essere in una serie tv? Mi prendi in giro?»

«Cosa vuoi che ti dica?! Anch'io voglio prenderlo, questo stronzo! Portalo da me, per favore.»

«Davvero non ci sono prove? Non è possibile che non abbia fatto neanche un errore.»

«Ma certo che non è stato perfetto. Abbiamo controllato le telecamere di sorveglianza nella zona del condominio Daehan, e hanno ripreso la macchina di Seonghoon. Così come quelle nella stradina dove si trova il contenitore dei vestiti usati. Però non si vede chi è la persona che sposta il cadavere, come se avesse usato un mantello dell'invisibilità.»

Yoohan emise un lamento mentre si sfregava piano

gli occhi con le mani. Non un lamento eccessivo. Le telecamere installate dal governo locale per la prevenzione dei crimini sono più di cinquecentomila, tanto che si dovrebbe cambiare il detto da "i Cieli ci guardano" a "le telecamere ci guardano". I crimini erano effettivamente diminuiti con l'aumentare delle telecamere. Se si controllano bene quelle installate dal governo, quelle dei privati, quelle delle automobili eccetera, in qualche modo i criminali si prendono. Il problema è che servono gli esseri umani per fare queste verifiche. Ci sono dei sistemi per ridurre la durata dei video o per riconoscere i numeri di targa delle auto, ma gli investigatori devono comunque visionare i video uno per uno. Roba da farti cadere gli occhi.

«Sai che la strada di fronte al condominio Daehan è a senso unico? Il 5, giorno in cui si presume sia avvenuto il fatto, ci sono trentadue macchine che passano su quella strada dalle tre alle sei del mattino. Una di queste è quella di Seonghoon, targata 2234, che su quella strada ci passa tre volte. E poi si ferma.»

«È stato ripreso il volto?»

«No, non è sceso.»

«Cosa facciamo adesso?»

«Innanzitutto, si indaga sulla scena del crimine, e nel frattempo dobbiamo trovare Seonghoon. Ho provato a chiamare a casa dei suoi, ma non sapevano neanche che fosse in vacanza. Quella madam, Camilla, si occupava di due delle vittime, inclusa Kim, quindi le ho chiesto di collaborare. La conosci bene?»

«No. L'ho incontrata un paio di volte, ma non so nulla di lei. So che è piuttosto particolare. È una di quelle persone con cui non avrei mai avuto a che fare nella vita, se non fosse stato per Seohee. Incontrarla mi stanca. Non che sia facile parlarci dal vivo, tra l'altro.»

Finito l'interrogatorio in qualità di testimone, uscii dalla sala riunioni. Sembrava che Yoohan volesse accompagnarmi fino all'ascensore, ma rifiutai. Non pensai neanche al mio fidato caffè dalla macchinetta.

Fuori dal commissariato, il cielo era pieno di nuvoloni tuonanti carichi di pioggia che avevano formato una torre altissima. Si chiamano proprio nuvole *sonagi*, "nuvole della pioggia". Sono nuvole che portano tanta pioggia, fulmini, tuoni e raffiche di vento forte. In quel momento sembravano un enorme gelato, ma di lì a poco avrebbero cambiato aspetto. Affrettai il passo per poter raggiungere Arcana prima che iniziasse a diluviare.

Due giorni dopo, mi arrivò la notizia che Yoohan aveva trovato la macchina bianca targata 2234 parcheggiata vicino a un bacino idrico sul monte Pae. Anche Sookyeong era andata sul posto e mi aveva poi riferito tutto nei dettagli.

Secondo i risultati delle indagini sui video delle telecamere, la vettura bianca targata 2234 che correva ad alta velocità era sparita in un'area di servizio sul monte Pae. Mentre stavano analizzando i filmati delle telecamere sulle autostrade, il team droni del Dipartimento aveva contattato Yoohan. Avevano registrato un video panoramico di tutta la zona circostante e avevano ridotto a tre il numero dei luoghi in cui poteva essere stata abbandonata l'auto. In uno di questi erano state ritrovate tracce di pneumatici riconducibili a essa.

La squadra di sommozzatori era già stata contattata e aveva recuperato il veicolo; ora la polizia era curiosa di sapere se al suo interno sarebbe stata rinvenuta un'arma di qualche tipo.

«Verrà fuori il coltello? Mi chiedo se riusciranno a trovarlo, considerando l'enorme quantità di acqua...»

«Non lo troveranno.»

Alla fine, Yoohan aveva deciso di accettare la mia ipotesi, perché secondo i risultati dell'autopsia erano state rinvenute tracce di cotone idrofilo intorno alle ferite.

«Dobbiamo ringraziare il Cielo se viene fuori anche solo un'impronta di Seonghoon sul volante, considerando che la macchina era rubata. Un poliziotto che guida una macchina rubata, pensa te» aveva detto Yoohan, particolarmente arrabbiato.

Sia lui che Sookyeong erano alla spasmodica ricerca di prove oggettive. I criminali credono di compiere il delitto perfetto gettando le prove in acqua, ma le impronte digitali restano, grazie alla loro componente di sebo che non si elimina, perché olio e acqua non si mescolano, è un principio base della fisica.

Sookyeong mi disse che Yoohan continuava a cercare qualcuno mentre si dirigeva verso il luogo del ritrovamento. Secondo lei stava aspettando me.

"Non è questo il momento in cui arriva con una carta dei tarocchi in mano?" pare avesse detto, scherzando. Secondo lui, avrei iniziato a blaterare su prove senza senso relative al caso e al colpevole.

Ma al contrario di ciò che lui si aspettava da me, restai in silenzio. Non andai più sulle scene del crimine, né in commissariato.

Volevo evitare la gente.

Mi sembrava che tutto fosse iniziato da me, che tutto fosse causato dai tarocchi. Cosa sarebbe successo se non fossi mai andata via di casa, se Seohee non fosse mai sparita, se Anna e Seonghoon non si fossero mai incontrati? Tutti questi omicidi non ci sarebbero stati.

Ciascun caso sembra a sé stante, indipendenti l'uno dall'altro, ma io lo so. So che c'è qualcosa che lega tutto.

16

La Torre

PIÙ CONTINUAVANO I CASI di omicidio, più venivo invasa dai messaggi delle *agasshi* che mi chiedevano quando avrei ricominciato a ricevere clienti. C'era un serial killer che andava in giro a uccidere le prostitute, quindi erano preoccupate.

«Non farò più sedute, mi fermo per motivi personali.»

Avevo rifiutato qualche richiesta con questa frase, ma non mi sentivo a posto con me stessa. Avevo iniziato a fare letture dei tarocchi per trovare mia sorella, e dopo aver ottenuto ciò che mi serviva mi tiravo indietro, mi sentivo in colpa. Mi scrollai di dosso quella sensazione ripetendomi che ero anch'io un'egoista, che non potevo farci nulla. Ma ciò che non potevo scrollarmi di dosso erano le voci delle ragazze, traboccanti di preoccupazioni.

Dopo averci pensato un po', decisi di fissare degli appuntamenti. Scelsi come sottofondo della musica da meditazione, per calmare gli animi agitati. Mi concentrai solo su quella. Cancellai i rumori provenienti dall'esterno, uno per volta.

Posai le carte per la seduta sul tavolo a una a una e le rimisi in ordine. Presi dalla libreria la sfera di cristallo non più grande del palmo di una mano e posai sul tavolo anche quella. Per ogni carta feci lo stesso rito: la appoggiavo sulla sfera e poi di nuovo sul tavolo. È una cerimonia di purificazione che svolgo periodicamente, che serve per eliminare l'energia negativa e le preveggenze precedenti dalle carte.

Ci sono dei cartomanti che arrivano a bruciare una carta se è associata a un avvenimento brutto o di cattivo auspicio. Oppure, se quando si prende una carta si avverte una sensazione di disagio o si inizia ad avere mal di testa, allora vuol dire che a quella carta non è rimasto molto tempo. A me non è mai successo, finora, non so se sia perché faccio periodicamente questo rito di purificazione.

Passare l'energia positiva della sfera alle carte una alla volta non è per niente facile. A volte mi capita di perdermi nei miei pensieri mentre le tengo in mano e non mi accorgo del tempo che passa. Arrivata all'ultima carta, era passata un'ora. Tutto intorno a me si era fatto buio, ma non avevo acceso l'abat-jour intenzionalmente. Controllai il calendario lunare sull'app: eravamo al dodicesimo giorno; sarebbe stato perfetto se ci fosse stata la luna piena, ma niente. Peccato, però. Durante i giorni di luna piena, la purificazione avviene attraverso la luce della luna, e per i cartomanti di tutto il mondo questo è il metodo più comodo per svolgere il rito. Era un peccato che non ci fosse la luna piena, ma lasciai comunque che la poca luce lunare illuminasse tutto.

Oggi sia io che le carte avevamo bisogno di riposo.

Il giorno seguente, una ragazza venne da sola ad Arcana. Doveva parlarmi di qualcosa di complicato, di cui non si poteva discutere a lavoro né dal parrucchiere, perciò voleva un luogo tranquillo.

«Ho incontrato diversi chiaroveggenti, mi aspettavo un luogo più appariscente, come un tempio, e invece...» Si guardò intorno mentre sorseggiava il caffè. «Mi sento molto a mio agio qui, comunque.»

«Dicono tutti così, eppure non c'è niente di che qui dentro.» Sorrisi, mentre accendevo una candela. Successivamente, mi preparai alla seduta rigirandomi tra le mani l'anello di ossidiana.

«Cos'è questo suono? Sento un suono di legna che brucia.»

Aveva una buona capacità di osservazione.

«È una candela con lo stoppino in legno. Sembra il suono di un falò, vero?»

Una volta, avevo concluso una seduta ed era l'alba. Mi ero sentita vuota, perché davo ascolto alle preoccupazioni altrui senza che le mie fossero risolte. Quella volta trovai questa candela. Emetteva un leggero suono di legna che brucia, e da allora più volte mi aveva cullato fino a farmi addormentare.

«Allora, iniziamo? Cosa ti preoccupa?»

La sua espressione diventò cupa.

«Non lo so.»

«Mmh, nei tarocchi le domande sono importanti. Ma se non hai una domanda, ti chiedo qual è il problema più grande che hai in questo momento. Sono i soldi, una persona, il lavoro, gli affetti...»

«Il mio ragazzo.»

«Puoi spiegarmi meglio?»

Invece di rispondermi, abbassò la testa.

«Allora proviamo a chiedere ai tarocchi qual è il problema, che dici?»

«Sì.»

Se il cliente esita nel porre la domanda, capita che sia io stessa a rivolgermi alle carte.

«Mentre pensi al problema che hai con il tuo fidanzato pesca una carta.»

E così fece, senza un minimo di esitazione.

«Vediamo un po' che carta hai pescato.»

Voltai la carta per vedere che rappresentava un uomo appeso sottosopra a un albero con una sola caviglia legata, a formare una T. Era la carta dell'Appeso. Lo sguardo della ragazza esitò leggermente alla vista di quella carta.

«Questa è la carta dell'Appeso.»

«Ha un significato negativo?» Le tremava la voce.

I tarocchi sono uno specchio che riflette i pensieri nascosti dentro ciascuno di noi. L'uomo raffigurato nella carta è appeso, ma nonostante ciò la sua espressione è calma. Ha solo un piede legato, quindi potrebbe tranquillamente mettersi in un'altra posa. Ma non solo: non si vede chiaramente se le mani che tiene nascoste dietro la schiena siano legate o meno. Se non lo fossero, potrebbe sciogliere la fune che gli tiene legato il piede e uscire da quella situazione.

Se il primo pensiero alla vista della carta è stato negativo, significa che la probabilità che la cliente si trovi nella stessa situazione è molto alta.

«No, in realtà. Tutte le carte possono sempre essere interpretate in modo positivo, negativo o inaspettato.»

Per quanto provassi a rassicurarla, la sua espressione non cambiò.

«Le persone quando vedono questa carta pensano al suicidio, o a un cattivo presagio. Ma quest'albero a forma di croce non è un patibolo. È l'albero della vita. Guarda l'espressione dell'uomo, è tranquilla. Sa che non cadrà, quindi non è agitato.» Aprii la scatola con le altre carte e cercai quella della Giustizia e quella della Morte. Le posai ai lati dell'Appeso.

«Il problema che hai col tuo ragazzo si trova tra la Giustizia e la Morte. I tarocchi danno anche degli indizi. Non so cosa significhino queste carte per te, perché non sono un'indovina.»

«La... Morte?» Aveva la voce carica di terrore.

Chiunque si rimpicciolisce di fronte a quella parola.

«La Morte è sofferenza, ma questa non è la Morte in senso stretto, indica la morte necessaria per il cambiamento. Così come il bozzolo che diventa farfalla. Sicuramente soffrirà prima di diventare una farfalla, no? Quando le madri danno alla luce i propri figli dicono che è come morire e poi tornare in vita. Ecco, è quel tipo di morte necessaria per uscire dalla situazione attuale. Oppure descrive la circostanza attuale, soffocante come la morte, inesorabile.»

Anche questa volta, la sua espressione non migliorò.

«Pensi di riuscire a dirmi qual è il problema con il tuo fidanzato ora?» Glielo chiesi col maggior tatto possibile, ma non ebbe alcuna reazione. «Come ti ho detto prima, non sono un'indovina. Se al medico non dici dove ti fa male, non può prescriverti la cura giusta.»

A quel punto iniziò a parlare.

«Lo so che non è un'indovina.» Si sforzò di sorridere.

«Se provi a fare una domanda, posso capire qual è il problema, nonostante non sappia cosa ti preoccupa.»

«Lasciare» Lo disse con voce quasi impercettibile.

«Come?» Mi sporsi verso di lei.

«...»

«Lasciare... Cosa?»

«Lo voglio lasciare.»

«Ah.»

Al giorno d'oggi non si può neanche decidere di lasciare il proprio partner. Prendersi e lasciarsi dovrebbe essere una cosa del tutto naturale... Ma attualmente questo tipo di routine è diventato quasi un crimine e non si può dire a cuor leggero "lasciamoci e basta". Se così non fosse non sarebbe mai comparso il modo di dire "rottura sicura", per intendere una rottura senza minacce e stalking a seguire.

Nel caso di crimini che si verificano all'interno delle relazioni tenute nascoste è difficile notare qualcosa anche per i famigliari. Inoltre, nessuno si interessa delle violenze che si verificano nell'oscuro mondo della prostituzione, persino la polizia e il governo se ne lavano le mani. Quel che è peggio è che molte giovani *agasshi* scambiano quelle violenze per amore: "Lo fa perché mi ama, perché gli piaccio". Cadono vittime di quella convinzione, finiscono per essere manipolate e smettono di cercare un'ancora di salvataggio.

Una persona in questa situazione aveva pescato la carta dell'Appeso. Probabilmente non riesce a venirne fuori da sola e per questo ha richiesto una consulenza.

«Per caso il tuo ragazzo ti fa violenza fisica o verbale?» chiesi con cautela, abbassando la voce.

«No.» Questa volta rispose con fermezza.

«Allora sei... incinta?»

«No, è che...»

«Ti minaccia? Con dei video, o delle foto...»

A quelle parole il suo volto si indurì. Non mi sfuggì il lampo di paura che le attraversò lo sguardo.

«Ti dice che lo pubblicherà da qualche parte, per caso?»

Annuì.

«È colpa mia. Mi sarebbe dovuto venire il dubbio che stava registrando di nascosto. Dice che lo farà vedere al mondo intero, che tanto le foto di una puttana come me le può distribuire gratis...» Piangeva. Sembrava il lamento di un uccellino sotto una grondaia a cui sono state tarpate le ali.

«Quando ha il coltello in mano, poi...» Con voce calma, quasi rassegnata, abbandonata a se stessa, rivelò il segreto. «Ho paura. Mi sembra davvero che morirò.»

Mi disse che il fidanzato agitava verso di lei qualunque cosa avesse in mano, quando si arrabbiava. Non la picchiava direttamente, né la minacciava con un'arma, ma lei aveva paura lo stesso, perché era lui che aveva la situazione in pugno. Si sentiva in colpa verso se stessa, per non essere in grado di scappare, bloccata dalla paura.

«È tutta colpa mia, tutta colpa mia.»

«Chiedi immediatamente aiuto alla polizia, e se senti che sta per succedere qualcosa chiamami. Subito! Di notte, all'alba, in qualunque momento, non importa. E per quanto sia difficile, trova un altro lavoro. Cerco di non dire cose del genere durante le sedute con le ragazze, ma a te devo dirlo. Il tuo fidanzato lo sa che lavori in un hostess bar, no?»

Annuì.

«Vattene da qui. Vai a stare in campagna o all'estero. Se hai una famiglia che ti aspetta, torna a casa.»

Le dissi tutto ciò che potevo. Poi pescai una carta dal mazzo aperto sul tavolo. La Forza.

«Questa è una carta indizio, è quella che pesco quando chiedo al mazzo quale consiglio devo dare al cliente. È la carta della Forza. Per quanto la bestia da domare sia feroce, ci puoi riuscire, come vedi. È ciò che è dentro di te, ciò di cui hai bisogno.»

«Che forza ho io?»

«Centododici.» Recitai piano il numero della polizia. «Ti basta il coraggio e la forza di comporre quel numero, ed è fatta. Altrimenti, ora che torni verso l'incrocio, c'è una stazione di polizia lì, no? Se dici che ti manda Madam Tarot ti tratteranno bene.»

Rise alla mia battuta, che non faceva ridere.

Guardai la sua espressione illuminarsi mentre parlavo.

«Portala con te, questa carta. Vedi il simbolo infinito sopra la testa della donna? Simboleggia le infinite possibilità o l'amore senza fine. Ti offro in regalo la forza di domare questo leone feroce e terrificante.»

Le misi la carta in mano.

«Per me?»

«Sì. In Occidente i tarocchi sono usati anche come portafortuna. Non dimenticarti di questa carta, contiene un potere enorme.»

Fissò la carta, tracciando con le dita il simbolo dell'infinito sopra la testa della donna.

«Mi sento strana, come se stessi davvero diventando più forte.»

«È l'energia, una che non si vede con gli occhi. L'energia è in tutte le cose: negli sguardi, nei movimenti, nella voce. Non dimenticare questa sensazione. Impara a evitare chiunque cerchi di risucchiartela, come fosse un vampiro. Vale lo stesso per le tue relazioni sentimentali. Se senti che più incontri un uomo e più stai peggio, scappa via. Tu sei la persona più importante.»

«Grazie. Porterò sempre questa carta con me, come un amuleto. Posso venire ancora a trovarla?»

«Ma certo che sì. Contattami quando vuoi. Quando decidi di lasciarlo, non andarci da sola. Questo tipo di uomini non accettano di buon grado di essere lasciati e si trasformano in criminali.»

Da quando bisogna pregare che non finisca male quando si lascia qualcuno? Come siamo arrivati a questo punto?

17

La Stella

QUALCHE GIORNO FA sono state rinvenute tracce di sangue della vittima sullo sterzo della macchina di Seonghoon. Così lui è diventato sospettato di omicidio multiplo.

Nel momento in cui Yoohan ha ricevuto questa notizia, il sangue gli è andato al cervello. Il ragazzo con cui aveva lavorato in commissariato fianco a fianco, che aveva spiegato ai più giovani i concetti di violenza nelle relazioni e di "rottura sicura", si era trasformato in un assassino.

«Il suo volto è stato ripreso da una telecamera nelle vicinanze del bacino e un drone è riuscito a riprenderlo mentre si sbarazzava dell'auto. Si era fatto avanti un testimone, che aveva notato qualcosa di strano nel suo video mentre lo editava.»

Mi venne da ridere. Uno che aveva fatto ricerche su ricerche per prevenire gli omicidi perfetti si era fatto beccare da un drone. Non era riuscito a liberarsi delle telecamere in movimento. Credo sia per questo che dicono che c'è sempre qualcuno che ti osserva.

«Hai cercato in tutti i luoghi in cui potrebbe essere andato?»

«Credo si sia allontanato a piedi dalla zona del bacino, quindi ho chiesto supporto al commissariato del luogo. Aspettami, sto venendo lì.»

«Qui?»

«Accetti prenotazioni anche per il giorno stesso, no? Per una lettura dei tarocchi.»

«Stai scherzando? Non ci credi nemmeno, ai tarocchi.»

«Arrivo tra venti minuti.» A giudicare dalla voce, sembrava più elettrizzato del solito. Riattaccò senza ascoltare la mia risposta.

Aprii la finestra per far cambiare l'aria e vidi la sua auto parcheggiata di fronte al locale. Ma se aveva detto "venti minuti"... Si affrettò a entrare nella palazzina, prima ancora che potessi aprirgli la porta.

«Come mai sei arrivato così in fretta?»

«Volevo prendere il pranzo d'asporto dal nostro ristorante di sushi preferito, ma c'era scritto fuori che oggi sono chiusi per motivi personali. Quindi sono venuto direttamente qui.»

«Non hai fatto colazione oggi?»

«Ho interrogato dei conoscenti di Seonghoon e incontrato dei suoi colleghi di università. Non ho neanche il tempo di mangiare, sto impazzendo.»

«Prendi qualcosa in mensa, almeno.»

«Quando entro in centrale mi sento a disagio. Dovrei

proprio scrivere la lettera di dimissioni. Tutti mi mettono pressione, dicono: "Il tuo sottoposto se ne va in giro a uccidere ragazze e tu non ne sapevi niente?"» disse sfregandosi il volto smunto, tirato. Bastava guardarlo in faccia per capire quanto se la passasse male.

«Prendi un po' i tarocchi. Chiedigli dov'è quello stronzo.»

«Fino a poco tempo fa hai fatto un casino dicendo che è impossibile prendere un criminale coi tarocchi, e ora?»

«Se lo fai tu non si può, ma se lo faccio io sì» disse con fermezza. Scoppiai a ridere.

«E perché mai?»

«Io sono un poliziotto e tu una comune cittadina. Sbrighiamoci, dai.»

Tirai fuori il contenitore in stagno dove tenevo le carte. Era un oggetto a lui sconosciuto, quindi lo prese, lo aprì e poi lo richiuse.

«È piuttosto solido.»

«In situazioni tipo quella in cui sono dovuta fuggire da un hostess bar proprio all'inizio della mia carriera da lettrice, o se mi bagno dalla testa ai piedi, il contenitore in carta si rovina. Sai, ci sono delle madam che sono molto credenti, mi vedevano come una pseudo leader religiosa. Da quel periodo in poi mi porto dietro le carte, nel caso in cui ci sia qualche imprevisto.»

«Pesca una carta, dai. Dov'è quel bastardo?»

«Non ti sei mai fatto leggere i tarocchi, eh?»

«No. Come fai a saperlo?»

«Si segue una procedura: si mischiano le carte, si fa la domanda. Aspetta.»

«La polizia non lo trova, questo bastardo sembra svanito nel nulla. Sto diventando pazzo. Non sei l'unica a cui chiedo aiuto, se proprio non riusciamo a trovarlo mi rivolgerò a uno sciamano. È un caso di omicidio multiplo e il fatto che l'assassino è uno che conosco mi fa incazzare ancora di più. Mi chiedo se sia davvero la persona che conoscevamo. Mischiale alla buona e cominciamo, dai.»

«Ma come alla buona, non posso. Porta pazienza.»

Mi sentivo agitata perché mi metteva fretta. Suonai la campana tibetana, e il suo suono calmo riempì la stanza. Anche Yoohan sembrò calmarsi.

«Allora, in che situazione si trova Seonghoon adesso? Pesca una carta mentre pensi a lui.»

«Che domanda interessante.»

Si concentrò sulle carte. Ne pescò una dal centro.

«Quindi, cosa fa quello stronzo?» chiese passandomi la carta.

«Secondo i tarocchi...»

Era una carta con tre coltelli infilzati in un cuore: il Tre di Spade.

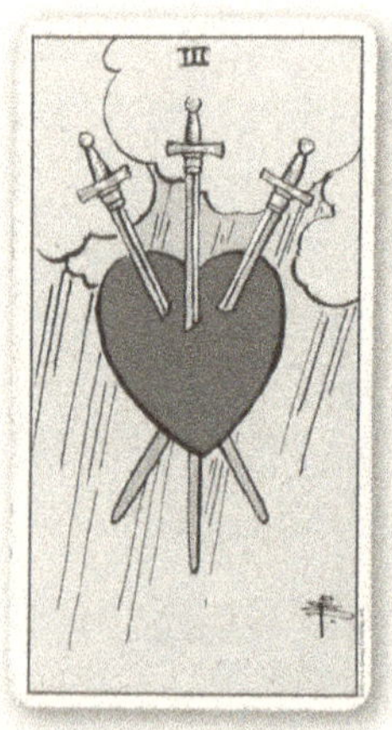

Il cuore si trova tra le nuvole, bagnato dalla pioggia.
«Eh? L'hanno accoltellato al cuore?»
«Dolore. È questa la parola chiave della carta.»
«Sta male, il bastardo?»
«Emotivamente sì, senza dubbio. O mentalmente» sospirai. «Ci sono tre coltelli. Anna, Moonyeong e l'altra ragazza.»
«Quindi è finita?» Il suo cellulare squillò. «Un attimo» rispose, alzandosi poi per andare verso la finestra. L'intuito non sbaglia mai. Quando tornò a sedersi, era accigliato. «Di nuovo...»
Capii senza che lui dicesse nulla. La situazione stava peggiorando ancora di più.
«È fuori di testa, questo stronzo. Quante persone ha intenzione di far fuori ancora?»
«Anche stavolta si tratta di un contenitore di vestiti usati?»
«Questa volta è stata la squadra investigativa del Dipartimento di casi su donne e minori a ritrovare il corpo, ci è arrivata una richiesta di collaborazione. Il primo a fare la segnalazione è stato un dipendente della ditta di riciclo dei vestiti, ha detto che vedendo il braccio che fuoriusciva dal contenitore pensava fosse un manichino.»
Guardai in basso, verso il Tre di Spade. Tre è il numero perfetto, ma se si pensa alla serie di numeri dallo zero al nove, ciò significa che siamo solo all'inizio, che sta uscendo ora dalla prima fase.
«Non si fermerà, quindi?»
Sia io che lui fissammo i tre coltelli piantati nel cuore.

Quella sera venne a trovarmi una cliente inaspettata, Camilla. Portava gli occhiali da sole, anche se non era giorno.

«Ho dato una sistemata agli angoli degli occhi, per questo ho gli occhiali. Non fraintendere. Con tutte queste voci che girano sul serial killer delle *agasshi*, come faccio a lavorare? Tanto vale sistemarmi un po' il viso mentre mi riposo.»

«Deve essere dura per lei, considerando che le ragazze erano vici...»

«No, no. Non c'entrano nulla con me, ma coi soldi sì. Gestire la situazione finanziaria, con debiti e quant'altro, quello è un bel grattacapo per me. Che rottura, devo preoccuparmi di tutto io anche dopo che sono morte» disse con il suo classico tono apatico. «Vale anche per te.»

Mi guardò dritta negli occhi.

«Vattene da qui, immediatamente. Prima che le cose si complichino.» La forza del suo sguardo attraversò gli occhiali da sole, tanto che mi sembrava di sentire i suoi occhi che mi fissavano. «Credo che il nostro sia un rapporto maledetto. Smettila di giocare a fare la poliziotta nel mio territorio e vattene.»

«E se non me ne vado cosa fai?» Decisi che non avevo più bisogno di comportarmi educatamente dandole del lei.

«Farò a modo mio. Come voi avete le vostre leggi, io ho le mie.»

«Se mi dici dov'è Seohee me ne vado oggi stesso.»

«Sei davvero pesante, santo Dio.»

La sua voce era piena di disprezzo. La ignorai. "Tu conosci Seohee? Non sei altro che una fattorina." Volevo sputare quelle parole in quella faccia strafottente e maleducata, ma mi trattenni. Le emozioni rovinano sempre tutto.

«Ha detto che si è stufata di te. Si è stufata delle arie che ti dai, del fatto che fai finta di sapere tutto, e che non vuole più vederti. Ha detto di smetterla con questa storia dei tarocchi e di non cercarla più.»

Mi lanciò le carte in faccia. Se esisteva un diavolo che si nutriva delle sventure altrui, me lo immaginavo proprio così.

«Vattene, subito!» urlò.

«Mai.» Mi ero stranamente calmata. «Non me ne andrò mai.»

Era Camilla a essere a disagio. Aveva detto di essere preoccupata per i soldi e non per le ragazze morte, ma mi sembrava che anche lei avesse paura.

«Anche con tutte le ragazze che muoiono così, una dopo l'altra?»

«I casi di Anna e Moonyeong hanno qualcosa a che fare con un mio conoscente, quindi non ho nulla da dire al riguardo. Ma gli altri casi potrebbero essere delle emulazioni.»

«No. Il fidanzato di Moonyeong è il colpevole di tutti gli omicidi. Che diavolo sta facendo la polizia? Ancora niente, niente! Quante altre vittime devono esserci prima che prendano il colpevole? La prossima sarò io?»

«Che vuoi dire?»

«Oggi...»

Vidi una lacrima scivolarle sul viso sotto gli occhiali. Il suo cambiamento improvviso mi colse di sorpresa. Si stava sforzando di controllare le sue emozioni e parlare chiaramente.

«La ragazza che è stata rinvenuta nel contenitore dei vestiti usati è Choi Danbi, mia sorella minore. L'ho incontrata quando lavoravo come *agasshi* e per una serie di circostanze siamo diventate sorelle a livello legale. È la mia famiglia. Aveva lasciato il lavoro da prostituta un anno fa e ora lavorava come modella per fitting in un centro commerciale. È anche una carissima amica di Moonyeong. Anche quest'ultima aveva lasciato il mondo della prostituzione per cambiare vita, ma ci era ritornata. Gliene ho dette di tutti i colori, le ho chiesto che cosa ci fosse tornata a fare in quest'inferno. Ma Danbi era diversa. Lei aveva un sogno, io non ne ho. Le ragazze che lavorano nei locali notturni che sogni possono mai avere? Capisco cosa pensa la gente. Che motivo c'è, se non quello dei soldi? Non facciamo tutte questa vita per farci dei soldi? Ma lei un sogno ce l'aveva. Aveva un futuro.»

Mi disse che Danbi, una settimana prima, aveva finito uno shooting per il centro commerciale, era andata a una cena di lavoro con lo staff e poi aveva preso un taxi per tornare a casa, da Camilla. Quest'ultima l'aveva pregata di stare attenta, data la pericolosità della zona. Era il giorno successivo alla sua operazione agli occhi e l'hostess bar era chiuso. Camilla stava facendo gli impacchi di ghiaccio per togliere il gonfiore, ma visto che Danbi non tornava dopo mezzanotte passata l'aveva chiamata. Lei non aveva risposto. Camilla si era messa un cappello ed era uscita per andare a cercarla, ma ormai era l'alba e ancora di Danbi non c'era traccia, quindi aveva deciso di avvertire la polizia.

«Oggi mi hanno chiamata, dicendomi che l'avevano trovata. A che cavolo mi serve che la troviate dopo che è morta?!»

«L'hai detto alla polizia? Che Danbi lavorava nell'hostess bar e il suo caso è collegato a quello di Moonyeong?»

«No.»

«Sarebbe utile nella risoluzione del caso, dopotutto.»

«Perché dovrei?» chiese con tono duro.

«Come?»

«Le persone non sanno che io o Danbi lavoriamo in un hostess bar. Viviamo due vite completamente diverse di giorno e di notte. Comprare una nuova carta d'identità? Non c'è niente di più semplice. Ci sono tante, tantissime persone che contribuiscono all'illegalità, tanto che quelli che vivono dignitosamente sembrano quasi degli stupidi.» Si alzò. «Quindi vattene da qui, prima che tu o tua sorella moriate senza che nessuno se ne accorga.» Detto ciò, se ne andò.

Arcana era vuoto: si sentiva solo il flebile rumore della candela che bruciava. Dovevo smetterla di giocare a nascondino? Ciò che voleva Seohee era che ci ignorassimo a vicenda? Pensando a tutto ciò, improvvisamente mi resi conto del mio errore. Seohee continuava a mandarmi dei segnali. Potevo dirle ciò che volevo attraverso Camilla, no?

Uscii di corsa, ma la berlina era già andata via. Le mandai subito un messaggio.

Scusami, so che ti chiedo sempre dei favori. Passa questo messaggio a Seohee, per favore: "Scappa, e nasconditi. L'assassino della mamma verrà a cercarti".

Alzai lo sguardo verso il cielo. Non perché sentissi gli occhi riempirsi di lacrime, ci mancherebbe. Da quanti giorni non si vedevano così bene le stelle nel cielo sopra Seul? Le lacrime mi rigavano il viso. Non piangevo per mia sorella, né per la situazione nella quale mi trovavo. Quel giorno più che mai, anche le stelle si sforzavano di brillare.

18

La Luna

YOOHAN NON SI ERA PIÙ FATTO SENTIRE dopo che era tornato in centrale e neanch'io volevo contattarlo. Il principale sospettato era un poliziotto, potevo facilmente immaginare quale fosse la situazione in commissariato. Sistemai alla buona le cose che avevo dentro Arcana, mi bastarono due sole valigie. Avrei chiamato il proprietario dell'immobile e lasciato il quartiere di Nonhyeon-dong il giorno seguente. Non sapevo dove, ma avevo fatto una promessa a mia sorella, quindi me ne sarei andata da lì.

Prima di tutto, mi diressi verso il commissariato. Volevo salutare Sookyeong e, già che c'ero, avevo una cosa da dare a Yoohan.

Non appena dissi a Sookyeong che me ne sarei andata, lei incrociò le braccia e mi scrutò con sguardo arrendevole.

«Di nuovo? Dove vai stavolta?»

«Non so, da qualche parte.»

«Ma hai detto che non hai dove andare.»

«Seohee non vuole farsi trovare, non posso continuare a cercarla solo io. Questa dalla a Yoohan.»

Mi sembrò che fosse passata un'eternità da quando avevo usato il suo nome con qualcuno. Non sapevo che altra parola metterci accanto, signor Yoohan, ex marito Yoohan, solo Yoohan...

«Dalla all'ispettore.» Le passai una piccola scatola.

«Cos'è?»

«Le fedi. Quando sono andata via di casa le avevo seppellite nel cassetto dell'armadio, ma sono ricomparse.»

Lei aprì la scatola. «Ma ci sono entrambe?»

«Bisogna venderle entrambe per guadagnarci qualcosa. Dagliele, per favore.»

«Se succede qualcosa nella consegna, io non mi prendo nessuna responsabilità, sia chiaro.»

«Puoi anche rivendertele tu, quando il cambio dell'oro è conveniente.»

«È molto occupato col caso di Choi Danbi, dice che lo spaventa sapere che dietro c'è uno che conosce. Non c'è traccia di Seonghoon, aveva anche sistemato tutto nel suo monolocale. Quale assassino si sente talmente a proprio agio da avere il tempo di mettere in ordine casa prima di darsela a gambe?»

«Ci sono elementi particolari nel caso della Choi?»

«No. Se fosse un omicidio a scopo di rapina, si potrebbe almeno tracciare la carta di credito. Non ci sono prove che Seonghoon sia il colpevole, quindi le ricerche continuano su tutte le piste, pare.»

«È uno stupro?»

«No, neanche quello. Era completamente vestita e non ci sono tracce di liquido seminale. Però, secondo i risultati dell'autopsia del centro forense, pare sia morta poco dopo essere stata rapita. Aveva molti lividi sulle cosce e sulle ginocchia, quindi è stata strattonata parecchio.»

Seonghoon era una persona pura, uno che si schifava a vedere un gatto investito per strada, che non riusciva neanche a guardarlo. Non potevo credere che si fosse trasformato in un demonio, e sempre più spietato. Il suo modus operandi stava diventando sempre più sfacciato. Nonostante fosse indagato, continuava a commettere crimini su crimini, con arroganza.

«Dicono che sia scomparsa una scarpa nera col tacco, comunque.»

Come?

Sentii la mia mente annebbiarsi. Ecco l'errore nel crimine che fino a quel momento avevamo creduto perfetto. Se davvero era lui l'assassino, non sarebbe fuggito prima di aver trovato quella prova che lo inchiodava. Avrebbe dovuto liberarsene in qualche modo per far sì che il suo crimine fosse davvero perfetto, giusto?

Ero sicura che fosse molto più vicino di quanto pensassimo. Non lo dissi a Sookyeong, però, perché era una mia ipotesi.

«Il motivo per cui Seonghoon è finito nella lista dei sospettati era la disposizione del corpo, che è sempre la stessa. In questi casi serve una prova definitiva, oggettiva, ma non c'è niente. La squadra dei crimini violenti e quella del Dipartimento di casi su donne e minori hanno unito le forze e creato una squadra di indagini, ma pare abbiano escluso Yoohan, che sarebbe dovuto essere alla guida del team, perché è troppo vicino a Seonghoon.»

«Be', me l'aspettavo. Stai attenta anche tu, Sookyeong. Appena mi sistemo e mi rimetto in sesto mi faccio sentire.»

«Va bene, mi raccomando.»

«Se hai qualche novità sui funerali delle ragazze fammelo sapere, per favore.»

Mi promise di sì. Tornai subito verso Arcana, senza fare tappe intermedie.

Appena rientrata, mi feci una doccia. Ero stata fuori poco tempo, ma avevo i vestiti impregnati di sudore. "Devo passare in lavanderia dopo" pensai. Uscita dalla doccia, l'interno dell'appartamento mi sembrò fresco. Si sentiva già l'aria di autunno nella brezza estiva. Mentre mettevo in ordine i tarocchi mi resi conto che mancava una carta. Giusto, l'avevo data a quella cliente, me n'ero dimenticata.

Aprii un altro pacco di carte che tenevo sulla mensola della libreria: ne tenevo sempre uno pronto per reintegrare subito le carte qualora ne avessi persa qualcuna. Presi la carta della Forza e la aggiunsi al mazzo, poi mischiai. La nuova carta si confuse subito con il resto.

Ero stata indecisa sul comprare un mazzo diverso, ma alla fine quello base che avevo era sufficiente. Usando sempre lo stesso è più facile sostituire le carte che vanno perse.

Mentre continuavo a mischiare, decisi di pescare una carta.

«A che punto è questo caso?»

Fortunatamente non c'erano stati altri omicidi dopo il giorno in cui avevamo pescato il Tre di Spade. Feci ancora una volta la domanda, mischiai di nuovo le carte e le disposi sul pavimento. Ne pescai una e la girai per controllare quale fosse.

"Il Diavolo?" Questa carta simboleggia la tentazione, l'avidità che si nasconde dentro ciascuno di noi. Può anche essere interpretata seguendo la numerologia. In quel caso, assume un significato più ricco. Gli Arcani Maggiori vanno dallo Zero al Ventidue. La carta del Diavolo è la numero Quindici. Se facciamo riferimento alla numerologia, dobbiamo prendere in considerazione la somma di uno e cinque, cioè il numero sei.

La carta numero Sei è la carta degli Amanti.

Adamo ed Eva ricevono la benedizione dell'Angelo e si divertono felici nel giardino dell'Eden, quando si nutrono del frutto proibito e finiscono nelle grinfie di Satana. Nonostante ciò, dai loro volti non traspare sofferenza. Non hanno alcuna intenzione di lasciare quel luogo. Così come l'assassino stesso è vittima della sua incontrollabile avidità.

«Quindi questo caso...»

Voltai tutte le carte per cercare quelle successive alla quindicesima e le appoggiai in ordine. Sedicesima, diciassettesima, diciottesima...

«A che punto è questo caso?» chiesi ancora una volta mentre giravo il Mondo, la ventunesima e ultima carta.

Guardiamole in ordine, partendo dalla quindicesima.

Il Diavolo nefasto, la Torre colpita dal fulmine, la Stella dei viaggiatori, la Luna in costante cambiamento che col passare del tempo lascia spazio al Sole che sorge, e con esso arriva l'Ultimo Giudizio. "È solo attraverso questo processo che il mio Mondo può aprirsi e posso completare il mio viaggio" pensai. La realizzazione che la strada per catturare il colpevole fosse ancora lunga mi demoralizzò. Mentre rimettevo in ordine le carte sparse sul pavimento, ne cadde una. La carta del Carro.

Questa carta raffigura un angelo con indosso un'armatura che guida un carro senza redini, trainato da due sfingi, una bianca e una nera. Non è certamente un compito facile guidare senza redini. Deve usare la sua potente forza di volontà per muovere le sfingi col pensiero e avanzare. Il significato negativo di questa carta è ovviamente la sconfitta, l'impossibilità che una situazione migliori.

Interpretandola con un'associazione alla vita di tutti i giorni, può indicare un guasto della macchina, il dover prendere in fretta un taxi, la partecipazione improvvisa a un incontro. Cosa ha portato questa carta da me? Cosa succederà?

Mentre ero persa nei miei pensieri, squillò il telefono. Numero sconosciuto. Nel dubbio che potesse essere Seohee, risposi immediatamente.

«Pronto?»

«...»

«Pronto?»

«Seoran... sono io, Seonghoon.»

Era una chiamata che stavo aspettando, ma che non mi fece piacere ricevere come in passato. La sua voce era distaccata. Camilla pensava che Seonghoon avrebbe ucciso anche lei, ma chissà. Era arrivato il mio turno?

«Seonghoon, sei stato tu?»

«Che importa chi è stato, Seoran. Tanto quelle lì sono esseri inutili in questo mondo.»

Un folle. Era andato completamente fuori di testa. Meglio non farlo arrabbiare, però.

«Pensavo che tu mi avresti capito... Le detestavi anche tu, no?»

«Credo ci sia stato un malinteso.»

«Dicevi che avresti tirato fuori da lì tua sorella a qualunque costo, no? Non ti piace che Seohee se la faccia con gente del genere, perché lei è diversa. O sbaglio?»

Non riuscii a dirgli di no. Venir messa davanti alla mia stessa ipocrisia mi fece vergognare.

«Prova a dire di no. Non ci riesci, guarda» disse ridacchiando in maniera cupa. Come può una persona cambiare in questo modo?

«Quel posto è un inferno pieno della feccia peggiore del mondo, che non può neanche essere riutilizzata, il peggio del peggio. È compito della polizia ripulire la spazzatura, ovviamente. O sbaglio?»

Per questo aveva gettato i cadaveri nei contenitori dei vestiti usati.

«Torna in te. Quello lascialo fare a Dio.»

«Ma esiste davvero, un Dio? Il mondo è pieno di gente

che lo supplica di esaudire i propri desideri. Anche a Dio servirà un braccio destro, non credi? Anzi, no, gli serve una domestica, qualcuno che ripulisca il mondo. Ricordatelo bene, Seoran. Siamo i domestici di Dio, quelli che tolgono di mezzo la feccia.»

"E tu, allora? Non sei più neanche un essere umano, sei diventato un demonio assassino." Quelle parole mi arrivarono in gola, ma non le dissi; dovevo portare avanti la chiamata per capire dove si trovava. Nel frattempo, mandai un messaggio a Yoohan.

Sono al telefono con Seonghoon. Lo farò confessare.

«Puoi leggermi i tarocchi, Seoran?»

«Con tutto quello che succede, mi chiedi proprio questo?»

«Voglio sapere con quale ragazza devo uscire, dai.»

«Va bene.»

Mi morsi le labbra, cercando di trattenermi. Decisi di esaudire l'ultimo favore che mi chiedeva quel ragazzo che un tempo era stato mio amico, un mio sottoposto, e che ora era diventato un essere ripugnante. Mi bastava incontrarlo e recuperare una prova, una sola. Yoohan mi rispose.

Non incontrarlo per nessun motivo. Resta dove sei. La polizia lo rintraccerà, aspetta lì.

Yoohan non mi conosceva ancora. Oppure mi conosceva troppo bene? Stavo già prendendo il contenitore di metallo con le carte.

«Dove ci vediamo?»

«Dirtelo mi creerebbe dei problemi, Seoran. Ho mandato un taxi ad Arcana, targato 2970. Esci.»

«Va bene.»

Non appena riattaccai, scrissi a Yoohan.

Scusami. Sto andando a incontrarlo ora.

Una volta uscita mi ritrovai il taxi targato 2970 di fronte, con l'insegna PRENOTATO accesa. Mi squillò il telefono, era Yoohan. Ci pensai mentre salivo in taxi, una volta seduta sul sedile posteriore risposi.

«Non preoccuparti per me.»

Chiusi la portiera, e subito dopo sentii uno scatto: le portiere erano bloccate.

«Autista?»

Guardai verso il sedile del guidatore, sorpresa. Il tassista si voltò verso di me ridendo: era una risata da far venire i brividi.

«Da quanto tempo, Seoran.»

Era Seonghoon. Stavo per dire qualcosa, ma un odore fortissimo mi invase le narici e persi conoscenza.

Mi ritrovai sulla cima di una torre altissima, pericolante.

Non ricordavo quando e come ci fossi salita. Mi guardai intorno, ma vedevo solo nuvole. Chiesi aiuto, urlando, ma dalla mia gola non uscì alcun suono.

Un fulmine si scagliò proprio accanto a me. Le altre persone che mi erano vicine si lanciarono giù dalla torre per evitare il fulmine e nella caduta urlavano. Scoppiò un incendio e tutto si riempì di fumo. Sembrava di essere sulle Torri Gemelle l'11 settembre. Anzi, no, a guardare meglio era la scena raffigurata nella carta della Torre. Un terribile presagio, nessuna via di fuga in vista.

Questa volta il fulmine si scagliò a un palmo dal mio naso. Poi vicino al braccio, dietro la schiena. Scappai per evitarli, ma scivolai cadendo giù dalla torre ed emettendo un urlo senza voce.

Continuavo a cadere.

All'inizio ero terrorizzata, ma poi abbandonai il mio corpo alla forza di gravità. Quando mi sarei fermata? Il mio corpo continuava a precipitare verso il basso e mi venne la nausea.

Bleah.

Vomitai e ripresi conoscenza.

«Ti sei svegliata?»

Seonghoon guardò verso di me dal sedile del guidatore.

«Sei deboluccia di stomaco, eh? Non riesci nemmeno a gestire una dose così bassa di anestetico.»

Quando tornai in me ero già distesa sul sedile posteriore, con mani e piedi legati. Per fortuna avevo la bocca libera. Voleva che gli leggessi i tarocchi in quelle condizioni? Mi scappò una risata amara. Ero incredula.

«Yoohan ti ha detto tutto di me, vero?»

«Più o meno.»

«Quindi saprai già perché voglio ucciderti, immagino.»

«Più o meno.»

Seonghoon tamburellò con le dita sul volante, era a suo agio.

«Inizio io con le domande. Hai avuto la certezza che Moonyeong lavorasse come *agasshi* il giorno che Anna è venuta ad Arcana?»

«No. Non sono così stupido. Quella è stata una... coincidenza del destino, diciamo così. Non sapevo che tu ti offrissi di ascoltare i problemi di quella feccia umana, quello no.»

«Sono ragazze che lavorano sodo.»

«Diciamo le cose come stanno. Non è che tutti quelli che sono in difficoltà finiscono a fare quel lavoro, dai!»

«Ho sentito che tuo zio era un cliente fisso della tua promessa sposa. Se vuoi fare le cose per bene dovresti uccidere anche lui, o no? Anche lui bazzicava in quello schifo.»

«Mio zio non è quel tipo di persona.» Seonghoon cambiò atteggiamento, si arrabbiò. «È colpa di quelle lì se mio zio ha fatto ciò che ha fatto.»

«Sai, ho avuto modo di osservare bene l'ambiente leggendo i tarocchi alle ragazze. Non ho mai visto un cliente fuori da un hostess bar che si opponesse, che non volesse entrarci. Nemmeno uno. Anzi, tutti si affrettano verso l'entrata. E non solo! Si consigliano anche le ragazze che gli sono piaciute. Sai cosa li unisce tutti? Condividere e scambiarsi le ragazze. Ma tu dici che tuo zio non è fatto così? Ti sbagli, è fatto così eccome.»

«Ti ho detto di no!» urlò, con gli occhi iniettati di sangue.

«Costituisciti, Seonghoon. Se non riesci ad andarci da solo, vengo io con te.»

«Ma che costituirmi e costituirmi, moriremo insieme io e te.»

«Insieme? Davvero?»

«Solo così sarà un omicidio perfetto.»

«Che idiozia.»

Nel frattempo mi ero ripresa, non mi girava più la testa. Dopo qualche sforzo riuscii a mettermi seduta.

Guardai fuori dalla finestra per vedere che eravamo vicino al bacino idrico, lo stesso nel quale era stata rinvenuta la sua macchina.

«Hai scelto proprio questo posto?»

«Laggiù c'è la mia casa, quella in cui sono nato.»

A guardare meglio, era una zona completamente sommersa d'acqua.

«Voglio tornare lì e riposarmi.»

«Vacci da solo.»

«Sto invitando anche te» ridacchiò.

«Rifiuto l'invito, con tutto il rispetto» continuai a rispondergli, senza lasciargli l'ultima parola.

Mi tremavano le mani ma cercavo di non darlo a vedere. Non c'era bisogno di agitarlo; in più dovevo guadagnare tempo affinché qualcuno potesse trovarci. Non riuscivo a recuperare il cellulare con le mani legate, anche se sicuramente se n'era già sbarazzato. Non avevo più neanche il mio smartwatch al polso. Mi era impossibile tornare indietro, e davanti a me non vedevo alcuna speranza.

In realtà una ce l'avevo: Yoohan. Sicuramente aveva capito che qualcosa non andava quando la nostra ultima chiamata si era bruscamente interrotta. Mi stavo di nuovo facendo dei film in testa? No, no. Staranno controllando le telecamere qui intorno, no? Ti prego, fa' che sia così. Riposi in lui la mia ultima, assoluta speranza.

Tuttavia, non sentivo alcun suono di sirene in lontananza, perciò forse la mia era una speranza vana.

«Oggi il tempo è perfetto per morire.»

Mi arresi. Mi scappò una risata. Arrendersi alla realtà mi calmò.

«Sei felice, Seoran?»

«E perché non dovrei? Morire non è poi così male, dopotutto» dissi con una risatina. «È bello, il tempo.»

«Non mi piace l'idea che tu sia felice. Forse dovrei ucciderti un altro giorno?» Blaterava cose senza senso.

«Ma che dici? Facciamola finita e basta.»

Non aveva neanche più voglia di rispondermi, forse le mie parole lo avevano ferito nell'orgoglio, perché si arrabbiò.

«Stai zitta! La conclusione di tutto dev'essere perfetta, la nostra morte dev'essere perfetta. Non ci sono prove che le abbia uccise io, o mi sbaglio? Solo io e te sappiamo tutto, quindi se finiamo in fondo a quel bacino laggiù sarà tutto perfetto. Quindi taci!»

«Dato che stiamo andando a morire, dimmi perché le hai uccise, sentiamo. Choi Danbi, perché l'hai ammazzata?»

«Choi Danbi?»

«La ragazza che hai ucciso la scorsa settimana, quella che hai gettato nel cassonetto dei vestiti usati.»

«Non sono stato io.»

Lo sguardo serio di Seonghoon mi lasciò interdetta.

«Certo che sei stato tu, come per la ragazza che hai incontrato sull'app di incontri. Ti sei sbarazzato di entrambe nello stesso modo.»

In realtà non c'erano prove che avesse ucciso Danbi.

«Ma non ci sono prove che sono stato io, lo so.»

"No, sono certa che sei stato tu. Non ridermi in faccia con quell'espressione spregevole, confessa e basta, di' che sei stato tu. Dillo!"

«Un omicidio senza prove è solo un incidente. Perfetto. Se io non parlo, finisce così.»

In un Paese come la Corea, che basa le condanne principalmente sulla presenza di prove, se queste ultime non ci sono le probabilità che uno venga condannato si abbassano drasticamente, anche se ha commesso un omicidio. Pensavo che sarei riuscita a convincerlo a costituirsi, e invece. Era il momento di arrendersi? Scossi la testa.

19

Il Sole

MI LASCIAI CADERE SUL SEDILE, ero esausta. Non mi sentivo più le mani, che erano legate dietro la schiena. Chiusi gli occhi. Addirittura l'incubo di essere colpita da un fulmine in cima alla torre mi sembrò migliore di quella situazione. Anche lui era silenzioso. "A cosa pensa un assassino in un momento come questo? Non è che a un certo punto preme il piede sull'acceleratore e ci fa finire in acqua, vero?"

Riaprii gli occhi.

In quel breve istante, vidi un barlume di speranza.

Sotto al sedile del guidatore notai una scarpa nera col tacco, che era stata gettata lì sotto. Era la scarpa di Danbi.

Sookyeong mi aveva riferito che era stata rinvenuta senza una scarpa. Quella era la prova. Se la sua scarpa nera col tacco veniva rinvenuta all'interno dell'auto del colpevole, diventava una prova schiacciante. Chissà quanto aveva lottato per non morire. Una sensazione di tristezza mi assalì mentre osservavo quella scarpa sbattuta lì sotto, ormai sformata. Non potevo farla scoprire a Seonghoon, dovevo tendergli una trappola.

«In realtà ci sarebbe quella scarpa nera col tacco, una di quelle che indossava Danbi» gli dissi con voce calma, mentre mi tiravo su. Avevo lanciato l'esca.

«Una scarpa col tacco?» La sua voce tremò leggermente. Mi sembrò di cogliere un debole tremolio anche nella mano che teneva il volante.

«Ne aveva persa una, lo sai.»

«Ma che stai dicendo?» fece il finto tonto. Ammettere di essere a conoscenza dell'esistenza di quella scarpa era praticamente come confessare.

«Quindi è vero che non sei stato tu. E allora chi...» Lasciai cadere la parte finale della domanda di proposito. «Pensavo fossi tu quello a cui serviva ritrovarla, quella scarpa» tossì.

Invece di rispondere tentò di riprendere fiato, tanto che riuscii a vedere il suo collo gonfiarsi dal sedile posteriore.

«No, no, no!» urlò. Era caduto nella trappola, il bastardo. Era agitatissimo, si voltò verso di me e mi afferrò per il colletto.

«Dov'è?! Dove cazzo è?!»

Aveva abboccato.

«*Arch... coff... ca... na. Coff*» dissi con voce spezzata.

«Perché diavolo si trova a casa tua?!»

«*Coff! Coff!*» Non riuscivo a parlare.

«Dimmi perché!» Continuava a chiedermelo, e nel mentre mi lasciò andare.

«L'ho trovata sulla scena del crimine mentre la studiavo, all'insaputa della polizia. Potrebbe anche non essere quella. Che ne so io se è nera, o rossa, non sono mica una poliziotta.»

«Perché l'hai...»

Il suo scenario perfetto era distrutto. Mise nervosamente in moto la macchina.

«Andiamo a controllare, oppure no?»

«Fai un po' come ti pare, uccidimi. O moriamo insieme.»

La macchina partì, ora aveva una destinazione.

Sulla strada del ritorno c'era tantissimo traffico. Mi sentii gli occhi pesanti, non so se ero senza forze io o era un effetto collaterale dell'anestetico. A un certo punto mi addormentai e mi risvegliai a causa della brusca frenata dell'auto. Eravamo già arrivati di fronte ad Arcana. Seonghoon mi fulminò con lo sguardo dallo specchietto retrovisore.

«Sei sicura che ci sia, sì?»

«Potrei mai mentire in una situazione del genere? Se scoprissi che non ce l'ho, mi uccideresti.»

Aprì la portiera.

«Vuoi entrare da solo?»

«Qual è il codice?»

«2244 asterisco. Saliamo insieme, cercarla da solo è più complicato.»

Non aspettò neanche che finissi la frase e mi coprì il volto con un asciugamano intriso di anestetico. Avevo le mani legate, quindi non potevo difendermi. L'odore pungente proveniente dall'asciugamano mi invase le narici. Iniziai a cantare l'inno nazionale, nel tentativo di non perdere conoscenza. "Fino al giorno... in cui le acque del Mare Orientale... si prosciugheranno..." Stavo per chiudere gli occhi, ormai senza speranza, quando vidi un volto familiare.

"Yoohan, sei tu?"

Quando ripresi conoscenza, ero al pronto soccorso.

«Ci sei? Mi riconosci? Infermiere, la paziente si è svegliata, venite qui!» Yoohan fece un gran casino.

«...lare.»

«Eh?»

Non mi usciva la voce. Yoohan avvicinò l'orecchio alle mie labbra. Mi sforzai di parlare.

«Non... urlare. L'avete preso?»

«Innanzitutto stai calma, che stai facendo una flebo.»

«Sì o no?»

«Certo che sì, secondo te ce lo lasciavamo scappare?»

«L'avete preso davvero? Sì, vero? L'avete arrestato?»

Ritornai a stendermi. Era la fine di quel lunghissimo incubo? Nel frattempo, un medico e un'infermiera vennero a visitarmi. Non avevo nulla che non andava, quindi mi dissero che potevo andarmene una volta finita la flebo.

«Ah.» Mi venne in mente una cosa, ma non riuscivo a ricordarmi la parola esatta. Era un effetto dell'anestetico?

«Quella cosa.»

«Cosa?»

«Quello, quella cosa.»

«Il telefono?»

«No, no, la prova di Seonghoon. Ah, la scarpa.»

«L'abbiamo già registrata. A quello vai a pensare ora come ora? Alla scarpa?»

«È l'unica prova che abbiamo.»

«Saresti quasi morta, se non fosse stato per me.»

Mi raccontò la sua impresa eroica per tutto il tempo della flebo. Non potevo zittirlo, quindi dovevo sorbirmelo.

Yoohan mi disse che circa due ore prima era andato al bacino, ma non ci aveva trovati, quindi era ritornato ad Arcana.

«Non ho sentito nessuna sirena, però.»

Mi disse che le aveva spente quando era arrivato nelle vicinanze dell'edificio. Aveva inviato un commando speciale sul posto, che si manteneva a distanza, mentre degli agenti in borghese controllavano l'entrata di Arcana.

In quel frangente era arrivato il taxi guidato da Seonghoon e quando aveva provato a drogarmi con l'anestetico l'avevano catturato.

«Tu continuavi a ripetere: "La scarpa, sotto il sedile, la scarpa". Il medico ha detto che è stato un miracolo. Sei sopravvissuta nonostante la dose di anestetico usata fosse letale.»

Deglutii. Avevo davvero rischiato di morire. Quel bastardo prima aveva detto che ero debole di stomaco e poi aveva usato una dose letale per addormentarmi? Ero furiosa.

«Ti ho salvata, quindi vedi di trattarmi bene.»

Aveva ragione.

«Grazie, per questa volta.»

«Macché, figurati. Ci mancherebbe.»

Forse per imbarazzo, si portò il pugno verso la bocca e tossì. Notai che al dito portava un anello che mi sembrava familiare. Era una delle fedi che avevo dato a Sookyeong.

«Cos'hai al dito?»

«La fede di matrimonio? Ah, no, abbiamo divorziato, quindi è la fede del divorzio.»

«Sei impazzito? Perché diavolo te la sei messa?»

«È la mia fede e ci faccio quello che voglio, che te ne importa.»

«Toglitela subito» gli dissi arrabbiata. Ma sembrava che non avesse alcuna intenzione di farlo. Lo capivo, gli era sempre piaciuta quella fede. L'aveva disegnata e creata lui stesso. L'aveva usata addirittura per farmi la proposta, per lui aveva un significato importante.

«Supponiamo che tu mi abbia salvata sul serio. Come mi hai trovata? Sei rimasto sempre qui a pattugliare la zona intorno ad Arcana? E se fossi morta al bacino, che avresti fatto?»

«C'è qualcosa che un agente di polizia della Repubblica di Corea non possa fare?» disse inorgoglito.

«Non ha senso. Se hai controllato le telecamere qui intorno sicuramente avrai visto che salivo sul taxi, no? Poi avrai usato il sistema di riconoscimento delle targhe sull'autostrada. Avrai fatto su e giù per le strada sterrate... Come hai fatto a trovarmi? Il mio telefono era spento, quindi non potevi usare neanche la localizzazione.» Morivo dalla curiosità. «Come mi ha trovata, *signor ispettore*?» gli chiesi nuovamente, ma lui non rispose. «C'è qualcosa, ne sono certa. Sento puzza di illegalità.»

«C'è qualcosa, sì. La determinazione nel proteggere una cittadina? La forza di volontà? Il senso di giustizia? Chiamalo come ti pare. Sistemiamo i documenti per la dimissione dall'ospedale prima, aspetta.»

Stava cercando di tirarsene fuori, ma lo placcai.

«Hai fatto qualcosa di illegale, non è vero? Cosa mi hai fatto?»

Respirò profondamente e poi confessò.

«E va bene, ti ho trovata con i tarocchi, okay?»

«Con i tarocchi? Te li sei fatti leggere da qualcuno? E come li hai usati per trovarmi?»

«Non ci credo ai tarocchi, ma mi fido della microspia GPS che ti ho messo nel contenitore di metallo.»

«Ma non c'era niente.»

«Secondo te lo mettevo dove potevi vederlo? Al giorno d'oggi sono più piccoli di un'unghia. Non è stato facile, ma ce l'ho messo. Contenta, ora? Ho pensato che Seonghoon avrebbe potuto provare ad avvicinarsi a te.»

Mi tornò in mente il giorno in cui era venuto ad Arcana blaterando questo e quello sul locale di sushi.

«Non riesci a dire di no alle persone che ti chiedono aiuto, a meno che non sia io a farlo. Comunque sia, sentivo che se Seonghoon te l'avesse chiesto avresti accettato di incontrarlo. Immagina cosa sarebbe successo se non avessi messo quella microspia lì. Stai ferma qui, riposa un altro po'. Avevo intenzione di dirti tutto una volta catturato Seonghoon, e me la sarei ripresa.»

«Il medico ha detto che posso andare, che c'è?»

Eravamo ancora un po' in imbarazzo l'uno con l'altro. Mentre lui se ne stava andando, arrivò l'infermiera con un'altra sacca di flebo.

«Il dottore mi ha detto che è tutto a posto. Che flebo è?»

«Ah, questa. Il suo tutore ha aggiunto una flebo di integratori. La può fare insieme alla soluzione salina, quindi tra mezz'ora può andare.»

Che crocerossina, Yoohan. Arrossii.

«Si è preoccupato tanto per lei, sa? Continuava a pregare tenendola per mano.»

L'uomo meno religioso che conosca pregava. Chi pregava? Non sa nemmeno come si fa.

«Suo marito è un poliziotto, giusto? Chissà come si sente al sicuro. Siete proprio una bella coppia.»

Mi sentii avvampare fino alla nuca.

«Credo di avere un po' di febbre...»

Chiesi all'infermiera di controllarmi la temperatura, magari era un effetto collaterale della flebo.

«La sua temperatura è normale. Si riposi.»

Eppure, mi sembra di avercela la febbre... A chi potevo dirlo?

20

Il Giudizio

TORNAI VERSO ARCANA. Avevo sistemato il mio zaino da viaggio, ma non potevo partire subito. L'indagine della polizia era ancora in corso. Visto che non avevo ancora deciso dove andare, decisi di restare lì ancora un po'. Il padrone di casa mi era venuto incontro. Yoohan mi aveva detto di andare a stare nel "nostro" appartamento, ma avevo rifiutato.

«Non siamo niente io e te, smetti di comportarti come se fossi mio marito.»

Un tempo eravamo stati una famiglia, ma ora non più. Questa è la differenza tra la famiglia di sangue e la famiglia legale, quella che si crea con le scartoffie. Aveva continuato a farmi la ramanzina per tutto il tragitto fino a casa. Diceva che dovevo proteggermi meglio, che dovevo separare l'ambiente di lavoro e quello in cui vivevo, che dovevo chiedere una scorta alla polizia. Gli risposi con lo stesso tono. Il colpevole era in commissariato, che bisogno avevo di nascondermi?

Dopo averlo mandato via mi feci una doccia. Volevo lavarmi di dosso il ricordo del rapimento, ma non riuscivo a togliermi l'odore nauseabondo dell'anestetico dal naso.

Indossai l'accappatoio e andai a sedermi sul divano. Qualche goccia mi cadde dai capelli ancora bagnati, che avevo tamponato alla buona con un asciugamano. Mi pesava tirar fuori l'asciugacapelli che avevo messo nello zaino. Mi assalì un senso di impotenza. Per cosa avevo corso fino a quel momento? Ogni sera ero andata in giro a incontrare le *agasshi* per riuscire a trovare mia sorella, che alla fine si era nascosta ancora di più. Ero esausta. Dormii tutto il giorno seguente, e poi ritornai in commissariato.

Ormai ero abituata alla sala interrogatori. Yoohan entrò con due tazze di caffè in mano.

«Hai mangiato?»

«Gli integratori che mi hanno dato in ospedale erano talmente buoni che non ho fame.»

Ah. Mi venne in mente il costo del ricovero.

«L'altroieri non ci stavo tanto con la testa, non ti ho ridato i soldi per l'ospedale. Dammi il tuo IBAN, te li mando subito.»

«Non è costato tanto.»

«Non importa, perché un poliziotto dovrebbe pagare le cure a una vittima? Te la mando via PayPal?»

«Non lo uso.»

Non aveva intenzione di accettarli.
«Hai detto che Camilla sa tutto, giusto?»
«Più o meno.» Non eravamo in buoni rapporti io e lei, quindi risposi con sufficienza.
«Ha collaborato con gli investigatori fino a stamattina, ora è andata via, ma mi ha detto di darti questo.»
Mi passò una busta da lettere.
«Una lettera? Per me?»
«Penso sia rimasta piuttosto scossa quando ha saputo del tuo incidente. Ha detto che cambierà numero, fanno sempre così. Quando c'è un problema, spariscono. Cambiano numero perché non vogliono rotture di scatole.»
Aprii la busta con la ramanzina di Yoohan in sottofondo. Bastava guardare gli angoli perfettamente richiusi per capire che era stata scritta con molta attenzione. Non appena la aprii, urlai.
Le lettere O, tonde e grandi.
Era la scrittura di Seohee.

Ti ho trovata! Ora tocca a te cercarmi. Io giocherò a nascondino con quel mostro. Non preoccuparti, lo prenderò. Non lascerò che mi prenda lui.

Camilla era Seohee.
Non potevo crederci. Avevo mia sorella davanti agli occhi e non l'avevo riconosciuta. Per l'aspetto esteriore ci poteva stare, visto che aveva fatto tanti interventi di chirurgia, ma quell'atteggiamento, la sua voce, erano di un'altra persona.
«Che c'è? Che lettera è?»
«Neanche tu l'hai riconosciuta?»
«Ma che stai dicendo?»

Yoohan mi strappò la lettera dalle mani. Non riusciva a capire il messaggio, era troppo criptico.

«Era Seohee. Quella donna, Camilla, era Seohee!»

«Con calma, spiegami. Esteticamente può essere diversa, ma anche il modo di parlare, di camminare erano diversi... Persino il suo modo di fare.»

«Seohee voleva diventare un'attrice. Qualche tempo fa Camilla aveva chiesto ad Anna di portarmi il diario di Seohee. Non la vedevo più da quando faceva le elementari, non avevo più avuto sue notizie. Non sapevo cosa le piacesse, come stesse. Avrei dovuto capirlo in quel momento.»

«Ne sei sicura?»

«Sicurissima.»

Yoohan provò a chiamare il numero di telefono sui documenti che aveva compilato Camilla. Non avrebbe mai risposto.

«Non risponderà, si è nascosta di nuovo. Lei sapeva già chi era l'assassino della mamma.»

Qual era l'identità di quel mostro che lei conosceva già da dieci anni? Ero al punto di partenza.

21

Il Mondo

CAMILLA SPARÌ SENZA LASCIARE TRACCIA. Qualcuno disse che l'aveva vista, così andai a cercarla. Era la proprietaria di un piccolo whiskey bar in un seminterrato, che si trovava alla fine della zona a luci rosse.

«Camilla? Voleva prendersi così tanto il mio nome che alla fine ce l'ha fatta. È una molto gelosa. Mi disse che mi avrebbe tolto tutto: soldi, uomini, le *agasshi*, tutto. E ora persino il nome?»

Il nome Camilla è piuttosto comune all'estero, in realtà. Mi sembrò una donna stanca, e piena di sé.

«Potrebbe darmi il suo numero?» Mi vidi costretta a rifare di nuovo quella domanda, che avevo già fatto fino alla nausea.

«E che te ne fai? Tanto lo cambierà di nuovo. Ho sentito che è uscita completamente dal giro e che si è sposata. Ha rifiutato le avances di un uomo molto ricco e si è sposata con un impiegato, un tipo normalissimo.»

Sposata?

Pensai che si fosse confusa con Choi Ayeong, quindi chiesi di nuovo. Mostrai alla donna una foto di Ayeong e una di Camilla e le chiesi chi fosse mia sorella. Me lo confermò, era lei.

Io giocherò a nascondino con quel mostro.
Non preoccuparti, lo prenderò.

Mi tornò in mente la lettera. Non si sarà sposata con l'assassino? No, no, impossibile.

«È pericolosa. Non so in che rapporto siate, ma è meglio non averci a che fare con quella. Qui in giro si dice che sia addirittura un'assassina. Girano voci che sia coinvolta in casi di contrabbando, di droga, un sacco di roba losca. È una donna maligna, che finge di essere elegante e di classe.»

Non la ascoltavo più.

«Perché la stai cercando?»

«Sono sua sorella maggiore.»

Dalla sua espressione trapelò il suo imbarazzo, non sapeva cosa fare. Buttai giù il whiskey che mi aveva dato e poi le chiesi: «Sa cosa significa "whiskey"?».

Scosse la testa.

«Acqua della vita.»

«Ah, sì? A che serve saperlo, basta ubriacarcisi.»

Evidentemente a disagio, la donna stava per riempirmi il bicchiere. La fermai posandoci sopra il palmo della mano sul bicchiere.

«La ringrazio per l'onestà. Sa, la mia vita stava quasi per diventare noiosa. Pensavo che il gioco fosse finito, ma la vera partita a nascondino inizia ora.»

Mentre risalivo le scale per uscire dal bar, mi tornò in mente la carta che avevo pescato quel giorno.

Il Matto.

Il Matto insegue il suo destino portando con sé solo una piccola sacca, sconfigge i pregiudizi e incontra il suo Mondo. Quale sarà la sua prossima tappa?

È un nuovo inizio.

L'unico modo per restare nel mondo precedente è morire. Se si sopravvive, si ricomincia da capo. Così, la carta del Mondo diventa il trampolino di lancio che guida il Matto verso il suo prossimo destino.

Come se iniziasse un'altra partita a nascondino, proprio come stavo per fare io.

Lee Sua, nome d'arte di Lee Kanghyun, è autrice di romanzi e sceneggiature per la tv, ha scritto tra gli altri la serie Netflix horror "Goedam" e il web drama "The Mermaid Prince: The Beginning". Fa parte dell'Associazione dei giallisti coreani. Ha ricevuto numerosi premi e riconoscimenti, tra cui nel 2015 sia il Premio di Eccellenza per la sceneggiatura del drama storico "Le cronache della guerra di Hwajeon" sia il Gran Premio per quella di "Her Face". Nel 2017 ha vinto il NEW Creator Award all'E-IP Pitching dell'Asian Film Market del Busan International Film Festival per il web novel *Detective Hongryeon*.
Nel 2021 ha pubblicato *Madam Tarot* che è stato selezionato per il Creative Talent Development Program organizzato dal Korea Creative Content Agency.

Lea Giulia Elia è traduttrice e insegnante di italiano per stranieri. Laureata in Mediazione linguistica presso l'Università del Salento e in Didattica della lingua italiana a stranieri e lingua coreana presso l'Università per Stranieri di Siena, dal 2023 vive a Seoul e lavora come Assistant Professor presso il Dipartimento di Italianistica di Hankuk University of Foreign Studies. Per Mondadori ha tradotto *Beyond the story: il racconto di 10 anni di BTS* e la serie di webtoon "Welcome".